LE SYNDROME POST-ROMANTIQUE

Infographie: Chantal Landry
Révision: Joëlle Bouchard
Correction: Ginette Choinière et Caroline Hugny

Données de catalogage disponibles auprès de Bibliothèque et Archives nationales du Québec

02-16

L'ouvrage original américain a été publié par Health Communications, Inc., sous le titre *Post-Romantic Stress Disorder*

Imprimé au Canada

Dépôt légal: 2016
Bibliothèque et Archives nationales du Québec

ISBN: 978-2-7619-4613-1

DISTRIBUTEURS EXCLUSIFS:

Pour le Canada et les États-Unis:
MESSAGERIES ADP*
2315, rue de la Province
Longueuil, Québec J4G 1G4
Tél.: 450-640-1237
Télécopieur: 450-674-6237
Internet: www.messageries-adp.com
* filiale du Groupe Sogides inc.,
filiale de Québecor Média inc.

Pour la France et les autres pays:
INTERFORUM editis
Immeuble Paryseine, 3, Allée de la Seine
94854 Ivry CEDEX
Tél.: 33 (0) 1 49 59 11 56/91
Télécopieur: 33 (0) 1 49 59 11 33
Service commandes France Métropolitaine
Tél.: 33 (0) 2 38 32 71 00
Télécopieur: 33 (0) 2 38 32 71 28
Internet: www.interforum.fr
Service commandes Export – DOM-TOM
Télécopieur: 33 (0) 2 38 32 78 86
Internet: www.interforum.fr
Courriel: cdes-export@interforum.fr

Pour la Suisse:
INTERFORUM editis SUISSE
Route André Piller 33A, 1762 Givisiez – Suisse
Tél.: 41 (0) 26 460 80 60
Télécopieur: 41 (0) 26 460 80 68
Internet: www.interforumsuisse.ch
Courriel: office@interforumsuisse.ch
Distributeur: OLF S.A.
ZI. 3, Corminboeuf
Route André Piller 33A, 1762 Givisiez – Suisse
Commandes: Tél.: 41 (0) 26 467 53 33
Télécopieur: 41 (0) 26 467 54 66
Internet: www.olf.ch
Courriel: information@olf.ch

Pour la Belgique et le Luxembourg:
INTERFORUM BENELUX S.A.
Fond Jean-Pâques, 6
B 1348 Louvain-La-Neuve
Téléphone: 32 (0) 10 42 03 20
Fax: 32 (0) 10 41 20 24
Internet: www.interforum.be
Courriel: info@interforum.be

Gouvernement du Québec – Programme de crédit d'impôt pour l'édition de livres – Gestion SODEC – www.sodec.gouv.qc.ca

L'Éditeur bénéficie du soutien de la Société de développement des entreprises culturelles du Québec pour son programme d'édition.

Conseil des Arts du Canada **Canada Council for the Arts**

Nous remercions le Conseil des Arts du Canada de l'aide accordée à notre programme de publication.

Nous remercions le gouvernement du Canada de son soutien financier pour nos activités de traduction dans le cadre du Programme national de traduction pour l'édition du livre.

Nous reconnaissons l'aide financière du gouvernement du Canada par l'entremise du Fonds du livre du Canada pour nos activités d'édition.

JOHN BRADSHAW

LE SYNDROME POST-ROMANTIQUE

Que faire lorsque la lune de miel prend fin

Traduit de l'anglais (États-Unis) par Henri-Charles Brenner

LES ÉDITIONS DE L'HOMME
Une société de Québecor Média

À ma courageuse sœur, Barbara Ann, et à mon meilleur ami et frère Richard Allen, qui sont tous deux décédés après avoir vécu une bonne partie de leur vie seuls à cause de leurs blessures émotionnelles. Je les porte toujours en mon cœur !

À ma belle et merveilleuse épouse, Karen, à mes enfants, John Jr et Ariel, et à mes beaux-enfants, Brad et Brenda. Vous faites partie de ma vie et je vous aime tous d'un amour immense !

1re partie

Dame Nature et sa magie noire

Richard Burton, sur ce qu'il a ressenti en voyant Elizabeth Taylor pour la première fois :

Elle était un ange de destruction, un fléau qui entraînait feu et famine à sa suite… la seule vraie génitrice. Ses seins apocalyptiques feraient tomber des empires avant de se flétrir… son corps était une construction miraculeuse… pas de doute, c'était une femme magnifique. Trop belle, même, avec ses immenses yeux violets qui brillaient d'un éclat surnaturel… Ces phares cosmiques ont examiné l'être imparfait que j'étais pendant une éternité. Chaque trou sur mon visage tavelé par la petite vérole me semblait aussi gros qu'un cratère lunaire.

– Tel que cité dans le livre d'Helen Fisher, *Aurore* (p. 99)

Prologue

Ce soir-là en se couchant, Paul se blottit tout contre son épouse Shirley, qui était étendue dos à lui, et l'entourant de son bras, il lui agrippa un sein. Il avait fait ce geste un nombre incalculable de fois durant les dix-huit premiers mois de leur relation, période qui avait été marquée par une intense activité sexuelle. Ce geste rituel tenait lieu de préliminaires, une manière pour Paul de signaler à sa compagne son désir d'amorcer un rapport sexuel. Shirley répondait toujours de manière claire et prévisible : elle se tournait vers Paul, un signe qui donnait à celui-ci la « permission » de lui toucher l'autre sein. Ces préliminaires interactifs étaient devenus plus ou moins inconscients, un échange automatique menant à une conclusion qui, bien que prévisible, n'en était pas moins agréable tant pour l'un que pour l'autre.

Il y avait maintenant un peu plus d'un mois que Paul et Shirley étaient mariés. Étant toujours dans leur période « lune de miel », ils jouissaient d'une vie sexuelle débordante. Cependant, ils s'étaient mis d'accord sur le fait qu'ils n'avaient pas nécessairement à faire l'amour s'ils étaient trop fatigués à la suite d'une longue journée de travail ou d'une séance d'exercice physique. Or, la réaction qu'aurait Shirley ce soir-là viendrait rompre ce rituel qui était le leur, entraînant du même coup leur relation sur une voie inattendue. Au lieu de se tourner vers Paul ainsi qu'elle en avait l'habitude, Shirley tourna la tête et lui dit : « Je n'ai pas envie de sexe ce soir, juste d'affection. »

Paul ne s'attendait pas du tout à cela. Toute la journée, il avait attendu que le soir arrive afin qu'il puisse faire l'amour à son épouse. La réaction de Shirley lui faisait l'effet d'un coup de poing. Sous l'emprise de la rage et de l'adrénaline, il avait envie de crier : « Tu as changé depuis que nous nous sommes mariés ! » Au lieu de cela, il ravala sa rancœur et lui dit « OK », mais dans un même mouvement de rejet, il s'écarta d'elle le plus possible pour aller se replier tout au bout du matelas.

Immobile, les muscles tendus et le souffle court, Paul se remémora les ébats vigoureux du temps où ils se fréquentaient. Au début de leur idylle, ils faisaient l'amour au moins une fois par jour ; le désir qu'ils éprouvaient l'un pour l'autre semblait intarissable. Shirley considérait cheminer comme une amoureuse exceptionnelle, d'autant plus qu'elle l'avait initié à toutes sortes de nouvelles pratiques émoustillantes. Un jour, elle avait acheté une vidéo porno en rentrant du travail ; très excités par ces images, ils avaient fait l'amour toute la nuit, sans même prendre le temps de souper. Paul s'estimait chanceux d'avoir trouvé une amoureuse telle que Shirley. Alors, pourquoi refusait-elle tout à coup de faire l'amour avec lui ? Le regard figé, Paul s'écria soudain, la voix tendue : « Qu'est-ce qu'il y a ? J'ai fait quelque chose qui t'a déplu ? »

– Tu n'as rien fait de mal, c'est simplement que je n'ai pas la tête à ça ce soir, répliqua calmement Shirley. On ne pourrait pas parler de tout ça demain matin ?

Shirley avait raison de ne pas vouloir s'engager dans ce genre de discussion à une heure si tardive – il était 1h30 du matin –, néanmoins son refus ne fit qu'attiser la colère de son mari. Paralysé par la rage, Paul resta un long moment étendu, immobile au côté de sa compagne ; la respiration régulière de celle-ci lui signifia bientôt qu'elle s'était endormie. Toujours remué par son désir, Paul s'adonna pour la première fois cette nuit-là à une pratique qui peut contribuer, dans certains cas, à l'éloignement des conjoints au sein d'un couple : il soulagea son désir en se masturbant.

Bien que Shirley ait laissé entendre qu'ils pourraient discuter de la chose le lendemain, le matin venu ni l'un ni l'autre ne jugea bon d'évoquer l'incident. Ils évitèrent la question en faisant comme si rien ne s'était passé, mais en vérité cet incident originel avait provoqué une première fracture dans leur couple. Le scénario se répéta plusieurs fois au cours des deux années suivantes. Trois ans plus tard, leur union se solda par un divorce dont Paul avait pris l'initiative, et qui blessa profondément Shirley. Paul expliquerait cette rupture à ses amis en disant que Shirley avait cessé de l'aimer, et il investirait son énergie sexuelle dans la masturbation ainsi que dans deux liaisons amoureuses. Canalisant ainsi son désir sexuel ailleurs que sur son ancienne épouse, Paul finit par se convaincre qu'il avait lui aussi cessé de l'aimer.

Le cas de Paul et de Shirley est l'exemple parfait d'un phénomène que je nomme « état de stress post-romantique », ou ESPR. Si presque tous les couples éprouvent une certaine mesure de stress post-romantique, les couples qui ont le plus de facilité à traverser cette épreuve sont ceux dont les partenaires ont un bon niveau d'attachement, une bonne estime d'eux-mêmes, et ne traînent pas derrière eux un lourd bagage émotionnel.

Certains couples ne se séparent pas, même si les conjoints ont une piètre estime d'eux-mêmes : ils continueront de vivre ensemble, de manière plus ou moins gratifiante. En vérité, seulement 50 pour cent de tous les mariages ne se terminent pas en divorce, et parmi ces 50 pour cent, 17 pour cent prétendent être déçus, insatisfaits et malheureux. Après avoir conseillé plus de sept cents couples sur une période de plus de vingt ans, j'en suis arrivé à la conclusion que seulement 15 pour cent des couples sont vraiment incompatibles, et que rien n'empêchait les 85 pour cent restants de vivre une union raisonnablement heureuse. Les 50 pour cent qui sont divorcés, de même que les couples mariés qui sont malheureux, se trouvent tous en état de stress post-romantique. Tout au long de ma carrière, j'ai vu un nombre affolant de gens divorcer d'un partenaire (ou d'une partenaire) tout à fait décent.

En écrivant ce livre, mon principal objectif était de vous proposer un argumentaire solide en faveur de votre relation et de votre partenaire actuels. Vous avez l'impression que votre mariage piétine, qu'il ne mène à rien?

Eh bien croyez-moi, ce n'est pas une raison suffisante pour se débarrasser de ce qui est en vérité un excellent conjoint ou une excellente conjointe.

Ce livre vise également à vous informer des dernières découvertes que la biologie et l'anthropologie ont réalisées en ce qui a trait au sentiment amoureux, au désir et à l'attachement – l'attachement que l'on ressent envers un ou une partenaire est le fondement même d'un amour durable.

Je vous parlerai finalement de six découvertes qui jettent une nouvelle lumière sur ce que cela signifie que de « tomber amoureux », et qui nous donnent une meilleure idée de ce qu'il faut faire pour vivre un amour qui ne cesse de grandir et de s'approfondir de jour en jour.

Dans la première partie du livre, je vous présenterai trois schémas cérébraux que l'on a découverts récemment, et qui expliquent comment nous sommes programmés pour rencontrer un certain type de partenaire et pour rester avec elle ou avec lui le temps de produire une famille. Ces schémas nous aident à comprendre pourquoi nous avons du mal à faire la distinction entre le désir sexuel et l'amour véritable. Dans la deuxième partie, il sera question de trois nouvelles découvertes qui traitent de la plasticité cérébrale, de la volonté en tant que « force physique », et des pulsions et émotions en tant que moteurs du comportement humain. Ces nouvelles découvertes ont assurément la capacité de dynamiser une relation stagnante.

Je conclurai cette section en rappelant aux lecteurs que j'ai une formation de théologien, de psychologue conseiller et d'enseignant. Je détiens en fait trois diplômes de maîtrise : un en théologie, un en philosophie et un en psychologie. J'ai également fait quatre années de recherches postuniversitaires à la Rice University. J'estime que mon travail consiste à synthétiser les recherches et les travaux effectués par les plus grands scientifiques dans le domaine de la santé relationnelle. Parmi eux : Virginia Satir, Murray Bowen, Milton Erickson, Richard Bandler, John Grinder, Leslie Cameron Bandler, Harriet Lerner, Pat Love, Pia Melody, Claudia Black, Pat Carnes, David Schnarch, Peter Levine, Bissel van der Kolk, sans oublier Helen Fisher et Jeffrey Schwartz, qui ont été mes deux références les plus importantes. Je dois remercier ces gens pour leur contribution au domaine. Ce livre est tout imprégné de leurs travaux et j'assume l'entière responsabilité de l'interprétation que j'en ai faite.

Chapitre 1

Qui nous a appris à aimer?

... Il y a la flamme de l'amour, l'élan du désir, le soupir du cœur, irrésistible.
C'est une magie propre à rendre fou le plus sain des hommes.

– HOMÈRE, *L'ILIADE*

Chacun de nous croit savoir ce qu'est l'amour. Lorsque nous parlons d'amour, c'est généralement en référence à cet état qui consiste à être «fou d'amour». Mais où avons-nous appris ce que cela signifie que d'être amoureux ? Certainement pas de nos parents, qui ne sont plus amoureux depuis belle lurette même s'ils font parfois semblant de l'être lorsqu'ils sont en notre présence. Nombreux sont ceux qui ont grandi dans un environnement où les conflits matrimoniaux étaient monnaie courante; nos parents, qui sont nos modèles en matière de relations amoureuses, finissaient bien souvent par divorcer. Selon de récentes recherches, seuls 33 pour cent des couples mariés sont véritablement heureux. On pourrait donc en déduire que 67 pour cent de la population a grandi entourée de modèles amoureux déficients. Si le taux de divorce est si élevé, c'est en partie parce que la plupart d'entre nous ne savent pas comment aimer de façon mature et confondent l'amour mature avec le sentiment d'être « amoureux fou ».

Nous savons maintenant que l'amour mature se développe en étapes distinctes qui nécessitent que les partenaires fassent preuve de docilité, de patience, qu'ils acceptent de faire des compromis et n'aient pas peur de remuer leur passé pour confronter, ainsi que le dirait le thérapeute jungien James Hollis, les fantômes qui les hantent. L'amour mature requiert des aptitudes que les partenaires qui sont « passionnés » refusent d'apprendre parce qu'ils ne les jugent pas nécessaires. Quand on est amoureux, tout vient naturellement, spontanément, et on se laisse aller dans cet élan bienheureux sans penser qu'on va tôt ou tard devoir fournir un quelconque effort ou apprendre quoi que ce soit.

Mais si ce ne sont pas nos parents qui nous ont appris le comportement amoureux, alors de qui l'avons-nous appris ? Nos parents ne nous ont peut-être pas montré ce que c'est que d'être amoureux, mais ils ont souvent parlé devant nous d'autres couples qui symbolisaient pour eux l'amour et l'intimité. Quand j'étais enfant, ma mère citait nos voisins en exemple, disant qu'ils avaient un mariage formidable. Ces voisins agissaient peut-être en parfaits amoureux en présence d'autres personnes, mais à la maison c'était une tout autre histoire : j'allais souvent chez eux pour jouer avec leurs enfants, et je les ai entendus à maintes reprises se disputer fortement. Je me suis toujours dit que si ces deux-là étaient morts au même moment, chacun d'eux aurait essayé de frapper l'autre une dernière fois, juste pour avoir le dernier mot avant de quitter cette terre.

Les histoires d'amour ne sont que des histoires

La plupart d'entre nous ont acquis leur première idée de l'amour dans les livres, la mythologie, les films et les émissions de télé. Pour divertissants qu'ils soient, ces modèles n'en sont pas moins aussi destructeurs qu'inadéquats.

Songez aux douze films suivants :

L'Odyssée de l'African Queen
Sur la route de Madison
Casablanca
Le docteur Jivago
Le patient anglais
French Kiss
Pretty Woman
Tendres passions
Marie a un je-ne-sais-quoi
Titanic
Quand Harry rencontre Sally
Vous avez un message

Pensez aussi aux contes de fées tels *La Belle au bois dormant*, *Cendrillon*, etc. Des histoires d'amour comme ça, il y en a des milliers. Mais ce qu'il ne faut pas oublier, c'est que, justement, ce ne sont que des *histoires*. Qu'elles soient drôles, profondes, idiotes ou dramatiques, elles renvoient inlassablement à ce désir que nous avons de vivre un amour absolu et utopique. Après avoir vu un film d'amour de ce genre, on se sent toujours joyeux et rempli d'espoir. Ces histoires ont deux choses en commun : elles ont dans tous les cas un *happy ending* et se terminent avant que la vie de couple ne débute réellement. Dans ces célèbres films d'amour que je viens de mentionner, les couples n'en sont pas encore à la phase de cohabitation ; ils n'ont pas encore pris le temps de vivre ensemble, ou alors très brièvement. Il y a bien des films et émissions de télé qui traitent de la vie de couples de plus longue date, mais dans la plupart des cas, on ne nous montre pas comment les soucis de tous les jours – une toilette bloquée, un toit qui s'effondre, un mari qui perd son emploi, la saisie d'un domicile – peuvent venir perturber la relation. Et on ne nous donne aucun indice quant à la compatibilité des conjoints. Bref, sous le charme d'une culture qui s'intéresse presque uniquement à la première phase du parcours amoureux, celle où l'on se découvre et se fait la cour. Dans la nature, pourtant, l'évolution nécessite un certain niveau de compatibilité et tend toujours vers une plus grande complexité. Sachant cela, il est terrifiant de constater à quel point les idéaux que nous nourrissons à l'endroit de l'amour et du mariage sont ancrés dans la fiction et l'imagination. Les vedettes de cinéma ont abondamment alimenté cette mythologie.

Vous avez sûrement remarqué que j'ai ouvert ce livre par une citation de Richard Burton, qui exprimait alors ce qu'il avait ressenti lorsqu'il avait vu Elizabeth Taylor pour la première fois. Au grand écran et dans les journaux, ces deux acteurs en sont venus à symboliser le grand amour. Pourtant, dans les faits, leur vie de couple tenait davantage du cauchemar que du conte de fées. De tous les films dans lesquels ils ont joué ensemble, *Qui a peur de Virginia Woolf?* est celui qui correspond sans doute le mieux à ce qu'ils vivaient. Et ce n'était pas joli, joli.

Le mot le dit : les histoires d'amour, ce ne sont que des histoires ! Quand je pense aux modèles amoureux sur lesquels nos sociétés se basent, je m'étonne que le taux de divorce ne soit pas plus élevé, et je comprends pourquoi tant de gens mariés sont malheureux. Il est en fait impossible d'évoluer vers l'amour mature lorsque l'on n'a pas une vision claire de ces étapes par lesquelles l'individu passe normalement et qui mènent à une relation adulte, ni quand on ne travaille pas sur sa propre estime de soi.

J'ai conseillé au moins sept cents couples sur une période de vingt ans. Or, la chose la plus importante que j'ai apprise, c'est que la plupart de ces couples traînaient derrière eux un lourd bagage émotionnel, des problèmes irrésolus issus de leur enfance – sentiment d'abandon, manque d'attention, abus, troubles relevant de l'enchevêtrement familial –, qui étaient venus fausser la perception qu'ils avaient d'eux-mêmes. Ces blessures affectives leur faisaient faire des « régressions spontanées » et occasionnaient des blocages émotionnels, et elles étaient la raison principale pour laquelle ces individus ne pouvaient pas gérer efficacement les conflits et différends au sein de leur couple. Au fil du temps, ils en étaient venus à développer une personnalité de façade, une fausse identité. Comme je l'ai expliqué dans mon livre *La famille*, l'individu qui grandit dans une famille dysfonctionnelle perd son estime de soi et développe une fausse identité. Il apprend rapidement, dès son plus jeune âge, qu'il ne pourra obtenir l'amour des autres que s'il délaisse son Moi authentique et développe une personnalité réduite à la servilité et à l'obéissance aveugle que son entourage exige de lui. Il est impossible de s'aimer soi-même ou d'avoir une bonne estime de soi lorsque le Moi authentique se trouve profondément enfoui sous la carapace d'une personnalité factice.

Dans son excellent ouvrage *Emotional Child Abuse*, Joel Covitz rapporte les paroles d'un de ses clients : « Mon père m'aimait quand je n'étais pas moi-même. »

Les couples que j'ai suivis entretenaient la plupart du temps des conflits puérils, enfantins. En cas de différend, ni l'un ni l'autre des partenaires n'était capable de discuter sans juger l'autre ou sans faire en sorte que ce dernier se sente coupable. Plutôt que d'interagir dans un climat de respect mutuel, ils se cantonnaient dans un ego surdimensionné, propre à l'enfant, et dans cet état chacun exigeait de l'autre qu'il lui rende des comptes : c'était à qui travaillait le plus fort, à qui passait le plus de temps avec les enfants, à qui gagnait le plus d'argent, à qui avait fait le plus pour l'autre.

Dans un des couples que j'ai suivis, j'ai vu les deux conjoints, qui étaient par ailleurs des universitaires, se disputer férocement parce qu'ils divorçaient et que chacun voulait garder les décorations de sapin de Noël de la famille ! Ils se sont fâchés tout rouge l'un contre l'autre pour une histoire de babioles qu'ils n'utilisaient qu'une fois l'an ! L'exemple parfait d'un comportement infantile, et cela venant de la part d'adultes qui étaient pourtant des professionnels très instruits et intelligents.

Notez que je ne suis pas là pour juger mes clients. Je serais d'ailleurs bien mal placé pour le faire, ayant moi-même dû travailler très fort pour combler mes propres besoins développementaux carencés (c'est-à-dire les besoins qui n'ont pas été satisfaits durant l'enfance alors qu'ils étaient nécessaires au développement de l'identité individuelle et de l'intelligence émotionnelle; nous reparlerons de ces besoins au chapitre 8). Je me suis récemment disputé avec mon épouse parce qu'elle voulait utiliser nos points Air Miles pour faire un voyage avec sa meilleure amie. De mon côté, j'estimais que ces points me revenaient de droit parce que c'était moi qui avais gagné et dépensé l'argent qui nous les avait valus. Au beau milieu de cette querelle, il s'est produit comme un déclic dans mon esprit: réalisant soudain que j'agissais comme un enfant de cinq ans, j'ai éclaté de rire. Voyant cela, ma femme s'est mise à rire elle aussi. Nos adultes fonctionnels venaient de prendre le dessus. En vérité, c'est qu'on se moquait éperdument de ces points Air Miles! Ils n'avaient aucun impact sur nos vies, à part celui de nous faire épargner un peu d'argent.

Réfléchissez aux récentes disputes que vous avez eues avec votre partenaire. Asseyez-vous quelques minutes et notez-les en détail. Qu'est-ce qui a provoqué cet éclat? Quelle en était la cause? Que vouliez-vous au juste? Analysant ainsi la chose de manière objective, vous conclurez sans doute que vous n'avez pas agi plus intelligemment que deux bambins se disputant un jouet. Et ce genre d'immaturité puérile ne cessera de s'exprimer que lorsque vous aurez appris à gérer votre état de stress post-romantique. Chaque jour, des milliers d'enfants adultes – c'est-à-dire des adultes qui ont un enfant blessé vivant au-dedans d'eux –, demandent le divorce. Une fois divorcés, ils partent à la recherche d'un autre enfant adulte avec qui partager leur vie, se marient avec lui, puis divorcent à nouveau. Chacun de nous doit se demander s'il n'a pas une conception arrêtée et irréaliste de l'amour. Tous les enfants adultes ont un Moi immature et fracturé.

Être amoureux: un besoin très ancien

Aujourd'hui comme dans les siècles passés, nous nous accrochons à une définition de l'amour qui se limite aux comportements romantiques, à la façon dont nous agissons quand nous vivons la passion. Nous croyons fermement que le désir sexuel et l'amour authentique vont de pair. Au chapitre suivant, nous verrons combien cette croyance, qui veut que l'amour s'arrête lorsqu'il n'y a plus de désir sexuel, peut être destructrice. Cette croyance, plus que toute autre, mène les couples au divorce et mine la santé de la cellule familiale.

Mais ne nous berçons pas d'illusions : cette croyance en l'amour romantique n'est pas près de disparaître. Dans le livre *Pourquoi nous aimons ?*, l'anthropologue Helen Fisher écrit : « Cette pulsion qui nous pousse à tomber amoureux est à l'origine des plus grands opéras, des plus beaux romans et plus belles pièces de théâtre que l'humanité ait produits. Elle a inspiré nos poèmes les plus touchants, nos plus vibrantes mélodies, les sculptures et les tableaux des grands maîtres… De tout temps, l'amour romantique a été pour nous une source de joie immense. »

Chapitre 2

Tomber amoureux… et le sexe dément qui en découle

Le cerveau est un organe fascinant: il commence à fonctionner bien avant notre naissance et ne s'arrête qu'une fois qu'on est tombé amoureux.

– Pat Love, *The Truth About Love*

Nous devons au Moyen Âge les deux pires inventions de l'humanité: l'amour romanesque et la poudre à canon.

– André Maurois

Quelle est cette «énergie» qui émane de nous lorsque l'on est amoureux? Pourquoi cette expérience est-elle si profondément ancrée dans la culture humaine? Pourquoi, de tout temps, les poètes et les artistes ont-ils été portés à s'en inspirer? Et pourquoi une si belle expérience a-t-elle la capacité de bousiller des mariages tout à fait convenables et d'infliger des souffrances intenses à des individus qui, en d'autres temps, sont très sains émotionnellement? Dans les pages suivantes, je vous présenterai de nouvelles découvertes révolutionnaires portant sur les trois réseaux primordiaux du cerveau humain, réseaux qui ont évolué pour diriger et sauvegarder les comportements liés au choix d'un partenaire, à l'accouplement et à la procréation. Ces données nous ont permis de mieux comprendre toute la puissance du sentiment que l'on ressent quand on tombe amoureux, et de reconnaître qu'il s'agit d'une pulsion innée et intimement rattachée à notre force vitale.

Il sera aussi question dans ce chapitre des comportements fous et bien souvent erratiques que l'on manifeste parfois lorsqu'on est amoureux. Les couples que j'ai choisis pour illustrer ces comportements sont des clients que j'ai eu l'occasion de conseiller dans ma pratique. J'ai toutefois changé leur nom ainsi que certains détails de leur environnement et de leur personnalité afin de préserver leur anonymat. Cela dit, les comportements que j'ai décrits sont restés fidèles à la réalité; j'en ai fait le portrait et le détail avec justesse. J'ai choisi ces couples parce que certaines de leurs interactions débordaient du cadre typique des couples qui sont amoureux. Les exagérations auxquelles le couple se prête dans l'exemple suivant, par ailleurs, illustrent bien les comportements que nous insuffle dame Nature, avec sa magie noire.

Tom et Alice: Perdus à jamais dans un fantasme adolescent

J'ai traité pendant trois ans et demi un client que je nommerai Tom. Tom avait une compagne, que j'appellerai Alice, dont il était amoureux. Tom m'a dit qu'au tout début de leur fréquentation, il avait eu avec Alice une conversation téléphonique enivrante qui s'était étendue sur plus de cinq heures. Mis à part les courtes pauses pour aller à la salle de bain, ils avaient discuté sans arrêt. Après avoir raccroché, Tom a jeté un coup d'œil à l'horloge. Il avait peine à croire que tant d'heures s'étaient écoulées; il n'avait carrément pas vu le temps filer. En fait, les deux tourtereaux avaient passé l'essentiel de la conversation à roucouler leur amour, avec innocence et souvent par moyens détournés. Tom m'a dit qu'il ne trouvait pas les mots qu'il fallait pour exprimer toute la profondeur du sentiment qu'il ressentait pour Alice. Il lui répétait simplement: «Je t'aime.» Elle lui répondait par la pareille.

Cela ressemble étrangement à ce que feraient deux adolescents, non ? Alors vous serez sans doute étonné d'apprendre qu'au moment de cet échange, Tom avait cinquante-huit ans et Alice, trente-deux. Alice était beaucoup plus jeune que Tom – ce qui n'était pas un problème pour eux, disaient-ils –, mais elle était tout de même loin d'être une adolescente. De toute évidence, leur relation les avait aspirés dans un vortex de régression vers un comportement adolescent. Qu'est-ce qui a provoqué cela? Dans des cas comme celui-ci, les véritables coupables sont les substances chimiques que produit le cerveau humain lorsqu'il tombe amoureux.

Tom et Alice avaient le sentiment qu'ils étaient des âmes sœurs liées indissolublement par une force cosmique invisible, une impression renforcée par le fait qu'ils avaient vécu des expériences similaires dans leur vie avant de se rencontrer. En réalité, ces coïncidences n'avaient rien d'étonnant; en temps normal, aucune personne sensée ne leur aurait accordé quelque importance que ce soit.

Un jour, Alice avait été étonnée et émerveillée d'apprendre que, tout comme elle, Tom avait fait ses études secondaires. Si encore ils avaient fréquenté la même école! Mais non, ce n'était pas le cas. Seules deux personnes amoureuses pourraient s'éblouir d'une chose si insignifiante. À une autre occasion, Tom s'était exclamé: «Toi aussi tu aimes mettre de la mélasse sur tes crêpes? Je n'en reviens pas! Jamais je n'aurais cru trouver un jour quelqu'un qui a les mêmes goûts que moi!» Autre coïncidence: durant l'été de leurs douze ans, Tom et Alice étaient tous deux allés en vacances à Londres avec leur famille. Le fait que ces deux événements s'étaient déroulés à vingt-six ans d'intervalle n'altérait en rien, à leurs yeux, la magie de la chose. C'est un schéma de pensée et un type de comportement très courants chez les individus amoureux: ils croient que les expériences similaires qu'ils ont vécues avant de se rencontrer sont des signes du destin qui annoncent qu'ils sont faits pour être ensemble. Ensemble pour toujours.

Tom et Alice étaient dotés d'un bon sens de l'humour : ils faisaient sans cesse des blagues et riaient beaucoup ensemble. Le sens de l'humour est une qualité très attirante pour les deux sexes, mais elle est généralement plus prisée par les femmes ; or, dans ce cas-ci, c'était l'esprit vif d'Alice qui avait su charmer Tom et stimuler son sens de l'humour.

De son côté, Alice avait été séduite dès le début par les attributs physiques de son futur partenaire. Du haut de son mètre quatre-vingt-treize, Tom avait une stature imposante – un atout certain puisque les femmes sont généralement plus attirées par les hommes de grande taille. Alice avait dit un jour à Tom qu'elle avait toujours rêvé d'avoir un amoureux grand comme lui. Il avait aussi un visage symétrique et une mâchoire carrée, deux autres attributs très appréciés de la gent féminine. Il était un peu grassouillet et avait un peu de ventre, mais Alice lui avait assuré que son corps solide et sa grande taille lui procuraient un sentiment de sécurité. En général, les femmes cherchent des hommes qui semblent pouvoir leur offrir protection et sécurité.

Tom et Alice étaient amoureux fous l'un de l'autre. C'était un sentiment grisant, aussi enivrant que s'ils venaient de s'envoyer une bouteille de vodka derrière la cravate. Leur attirance avait été puissante et immédiate. Ils s'étaient rencontrés à un colloque sur la planification financière où Tom était l'un des conférenciers. Il y avait eu ensuite une séance de signature pour le dernier livre de Tom, ce qui avait donné à Alice l'occasion de le voir de plus près. Il lui avait tout de suite plu. Ils échangèrent un long regard, qui prit Tom par surprise – il était là après tout en sa qualité de professionnel, et non pour chercher l'amour. Ils échangèrent quelques mots, mais lors de cette première rencontre, c'est ce regard qui fut le plus éloquent. Tom nota bien sûr tout de suite la différence d'âge qu'il y avait entre eux. Néanmoins, il fut aussitôt envahi par un sentiment de grande urgence : il fallait absolument qu'il la revoie. Il demanda à son agent de lui dénicher le numéro de téléphone de la jeune femme. C'était la première fois qu'il faisait une chose pareille.

Tom devait participer à deux autres conférences, après quoi il projetait de faire un voyage de pêche, si bien qu'il ne rentrerait chez lui que deux semaines plus tard. La semaine suivant leur première rencontre, Tom obtint de son agent le numéro de téléphone d'Alice. Il se sentait incroyablement vivant, exalté. Pourtant, il préférait attendre de rentrer à la maison avant d'appeler Alice. Il appréhendait ce premier coup de fil à cause de leur différence d'âge, mais aussi parce qu'il craignait que la jeune femme ne nourrisse pas envers lui des sentiments romantiques. La peur de se voir rejeté et le risque que cela comportait ne faisaient qu'exacerber le « désir » qu'il ressentait pour elle.

Alice avoua par la suite qu'elle était tombée amoureuse de Tom le jour où elle avait assisté à sa conférence. Elle avait aimé sa voix, sa maîtrise de la langue, l'assurance avec laquelle il s'exprimait. Tout cela répondait à ce besoin qu'avait Alice d'être avec un homme qui saurait lui apporter la sécurité émotionnelle et financière qu'elle désirait inconsciemment. Tom, de son côté, n'a jamais su expliquer pourquoi il s'était épris d'Alice.

Lorsque Tom rentra à la maison après son voyage de pêche, il trouva dans son courrier une lettre d'Alice. Dans sa missive, elle lui expliquait qu'elle serait bientôt à Dallas – Tom habitait Houston – pour une semaine entière. Par un heureux hasard, il s'avéra que la jeune femme viendrait cinq jours après le retour de Tom. Elle lui proposait de le rencontrer dans un café. Après avoir lu cette lettre, Tom se sentait plus vivant que jamais, comme animé d'une énergie nouvelle. Il y avait des années qu'il n'avait pas ressenti une exaltation pareille. Toujours anxieux et même un peu honteux à cause de ces vingt-six années qui les séparaient, Tom se rendit tout de même à ce premier rendez-vous. À cette occasion, Alice lui révéla candidement des détails de sa vie, le genre de choses dont on évite généralement de parler lors d'une première rencontre. Elle raconta à Tom qu'elle était divorcée et mère de deux enfants âgés de trois et cinq ans. Elle avoua être soutenue financièrement par un vieil homme riche qui fréquentait la même église qu'elle. Pour finir, elle dit à Tom qu'elle avait l'herpès et rembourrait son soutien-gorge parce qu'elle avait de très petits seins. Habituellement, Tom préférait les femmes dotées d'une opulente poitrine, mais pour quelque mystérieuse raison, il n'accorda aucune importance au tour de poitrine d'Alice et ne se formalisa même pas de la supercherie qu'elle employait pour renflouer son décolleté déficient. De fait, aucune des révélations troublantes qu'Alice lui fit ce jour-là n'eut l'heur de l'alarmer ni de diminuer l'intensité du désir qu'il sentait pour elle.

Puis, Tom et Alice passèrent la nuit ensemble. Ils se lancèrent à corps perdu dans une relation sexuelle intense qui dura toute la nuit, et qui se poursuivit le lendemain après-midi et toute la nuit suivante. Tom m'a raconté qu'après quatre jours de sexualité débridée, Alice lui parlait déjà de mariage. Tom savait qu'il s'agissait d'une idée folle, sans compter qu'il n'avait aucunement l'intention de se remarier. Et pourtant, il fit semblant de rien.

Le Moi authentique

Au cours des mois suivants, Tom et Alice partirent dans leur ville respective, en quête de la maison qui deviendrait leur nouveau foyer – Alice vivait à Saint-Paul dans le Minnesota, et Tom à Houston, au Texas. Lorsqu'ils n'étaient pas engagés dans une relation sexuelle, ils étaient complètement concentrés l'un sur l'autre, et ce, même quand ils n'étaient pas ensemble – ils pouvaient passer plusieurs heures par jour à discuter et à rigoler au téléphone. Lorsqu'ils étaient ensemble et n'étaient pas occupés à faire l'amour, ils se touchaient et s'embrassaient constamment, l'attention de chacun se trouvant entièrement tournée vers l'autre. Emily Dickinson a écrit un très beau poème intitulé *Pas d'autre vie que celle-ci* :

Je n'ai d'autre vie que celle-ci
Pour m'amener jusqu'ici ;
Ni quelque mort
Pour venir m'en chasser ;
Ni de liens vers des terres à venir,
Ni d'actions neuves,
Sauf dans l'étendue
De ton univers.

Ce poème décrit bien la réalité amoureuse du couple que formaient Tom et Alice. Au sein de cette réalité, chacun était devenu l'univers de l'autre. Tout dans leur vie était gouverné par les besoins et les désirs de l'autre, et par la perception qu'ils avaient l'un de l'autre.

Alice avait commencé à parler mariage avant même de présenter à Tom ses deux enfants, et avant même qu'elle n'ait rencontré ses enfants à lui, qui étaient d'âge adulte. Tom avait accepté ces omissions pourtant flagrantes parce qu'au fond de lui-même, il avait honte de sa relation avec Alice (Tom avait un fils biologique qui avait six ans de plus qu'Alice). Alice n'avait plus envie d'habiter Saint-Paul, aussi se montrait-elle très empressée de déménager et de se marier, surtout avec un homme dont la situation financière était particulièrement avantageuse. Tom détenait plusieurs propriétés, dont un ranch à West Texas. Le fait qu'il fût un homme riche et puissant contribuait énormément à l'attirance qu'Alice ressentait pour lui. C'étaient à ses yeux des attributs très excitants.

Alors que dans la vie de tous les jours, Alice se donnait des allures de femme très correcte et très religieuse, elle était dotée d'une personnalité sous-jacente friande de sexualité animale, débridée, dénuée de tabous ou d'inhibitions. Paradoxalement, après ces premiers jours passés à baiser comme des déments, elle avait subitement décrété un moratoire sur leur sexualité, expliquant à Tom qu'ils ne devaient plus faire ces choses avant d'avoir convolé en justes noces. Cet interdit ne l'avait cependant pas empêchée de s'adonner avec voracité à la fellation ou au sexe anal – une pratique dont ils raffolaient tous les deux. De plus, Alice ne se privait pas pour enfreindre sa propre règle en ce qui concernait la pénétration vaginale, et ce, aux moments les plus inattendus.

Plus j'en apprenais sur la vie amoureuse de Tom et plus j'étais convaincu que, bien qu'il fût en train de vivre une romance très intense, il était probable que sa compagne Alice était émotionnellement instable. Tom m'avait consulté au départ parce qu'il avait un problème de codépendance, un trouble indicatif d'un Moi qui n'est pas complètement développé. Il avait énormément solidifié son estime de lui-même, mais à ce point-ci je craignais qu'il ne fût en régression. Je les ai invités, Alice et lui, à faire une consultation en couple, et à cette occasion je leur ai conseillé de ralentir la cadence. J'ai cherché à comprendre pourquoi Alice oscillait entre une abstinence complète de sexe avant le mariage et des épisodes débridés tant sur le plan de la sexualité que celui d'autres comportements. Je l'ai aussi interrogée au sujet de ce vieil homme qui la soutenait financièrement. Au cours de cette séance, Tom défendit tous les aspects du comportement de sa compagne que je jugeais volages ou manipulateurs. Cela me rappela les paroles du thérapeute James Hollis : « Il est impossible de traiter des individus qui sont amoureux. » Pourquoi ? Parce que c'est un état d'intoxication. L'amour et la folie sont des états très proches l'un de l'autre.

Sur le plan professionnel, Tom était un planificateur financier redoutable, et d'une certaine manière, c'était peut-être ce qui l'avait amené à se distancier de ses émotions. Il était très cérébral, ce qui avait sans doute contribué à l'échec de ses deux mariages précédents. Si sa relation avec Alice avait été un contrat d'affaires, Tom aurait fait preuve de diligence et ne se serait jamais engagé dans une entente si douteuse avec une partenaire dont la duplicité était évidente. Mais contre toute attente, les avertissements que je proférais lors de nos séances en ce qui concernait Alice glissaient sur lui comme l'eau sur le dos d'un canard.

Et pendant ce temps, Tom et Alice continuaient de faire l'amour à bride abattue et de discuter pendant des heures au téléphone quand ils n'étaient pas ensemble. Je dis « discuter », mais en fait ces conversations téléphoniques n'étaient bien souvent que des échanges lubriques destinés à leur faire atteindre l'orgasme. Durant la journée, toutes les pensées de Tom étaient tournées vers Alice – ou devrais-je dire, vers *l'acte sexuel* avec Alice. Tard dans la soirée, chacun faisait des visites surprises chez l'autre, dans le but explicite de s'envoyer en l'air. La science a découvert que lorsque le cerveau humain est sous l'emprise d'une euphorie amoureuse, il devient saturé de phényléthylamine (PEA), un alcaloïde de la famille des amphétamines qui produit de la dopamine et de la norépinéphrine, deux neurotransmetteurs qui réduisent le niveau de sérotonine dans l'organisme. Or, un niveau réduit de sérotonine peut être à l'origine de la pensée obsessionnelle. C'est pourquoi on a appelé la PEA la « drogue de l'amour » ou la « molécule de l'amour ».

Pour ma part, j'irais jusqu'à dire que le « cocktail PEA », pour l'appeler ainsi, rend les amoureux plus alertes et vigoureux, leur procure une sensation d'énergie, de bien-être et de contentement.

Si Tom et Alice pouvaient faire l'amour pendant des heures, c'était parce qu'ils étaient sous l'emprise de ce cocktail PEA-dopamine (et en passant, ce concept n'était qu'une hypothèse avant qu'on ne publie les recherches de la docteure Fisher). Et s'ils étaient obsédés l'un par l'autre et parlaient au téléphone pendant des heures, c'était bien sûr parce qu'ils étaient tous deux intelligents et dotés d'un bon sens de l'humour, mais aussi parce que leur niveau de sérotonine se trouvait réduit, ce qui conduit à l'émergence de comportements obsessionnels.

Dopé à la testostérone

La PEA a pour effet d'élever le niveau de la testostérone qui régit l'appétit sexuel. Les séances de sexe d'Alice et de Tom étaient, pour l'un comme pour l'autre, atypiques par leur durée. C'est ce qui arrive quand on est amoureux : notre niveau de testostérone s'élève radicalement pour ne revenir à la normale qu'une fois que s'estompe la magie de notre fièvre amoureuse.

Les effets de la PEA sont augmentés par l'adversité, la peur, le danger, la distance, le risque et les comportements de dissimulation. La distance géographique qui séparait Alice et Tom n'était pas un obstacle à leur amour ; bien au contraire, elle ne faisait qu'intensifier le désir qu'ils éprouvaient l'un pour l'autre.

Comme je l'ai mentionné précédemment, Tom faisait un peu d'embonpoint lorsqu'il a rencontré Alice. Or, au fur et à mesure que leur relation progressait, il a perdu du poids sans avoir à faire quelque effort que ce soit. De son côté, Alice avoua qu'elle n'était habituellement pas très sexuelle, et même qu'elle éprouvait un certain dédain envers les hommes. Une nuit où Tom la visitait au Minnesota, il trouva le journal intime de la jeune femme ouvert sur sa table de nuit. Jetant un coup d'œil discret sur la page ouverte, il lut : « Quand je contrôlerai complètement ma vie, je n'aurai plus besoin d'avoir de relations sexuelles. » Tom m'a raconté qu'Alice avait grandi avec un père alcoolique qui se promenait toujours nu dans la maison. Enfant, cette nudité l'avait perturbée, puis l'avait émoustillée une fois qu'elle eut atteint l'âge de la puberté. Alice m'a dit que sa mère était dégoûtée par ce mari nudiste, et qu'elle ne manquait jamais une occasion de le rabaisser et de l'humilier.

Tous les amis de Tom qui étaient de son âge croyaient qu'il était fou de s'attacher à Alice, à cause de leur différence d'âge, mais aussi parce qu'elle n'était ni particulièrement belle ni particulièrement raffinée. Confronté à ce parti pris négatif, Tom ne révélait rien à ses enfants ni à ses amis du temps qu'il passait en compagnie d'Alice, et se cacher ainsi l'amenait à s'éloigner d'eux. C'est un comportement caractéristique de l'individu amoureux : il veut être avec l'être aimé et avec personne d'autre parce qu'il conçoit cette relation comme étant « spéciale » et « exclusive ». Un couple amoureux n'a besoin de personne et se satisfait de lui-même.

Les hommes ont généralement plus de testostérone que les femmes. De plus, chaque sexe est stimulé par des choses différentes. Alice, par exemple, devenait très excitée durant l'acte sexuel quand Tom la dominait et l'humiliait verbalement ; il suffisait qu'il la traite de « salope » ou de « petite pute » pour qu'elle atteigne l'orgasme. À mon avis, elle s'était identifiée dès son plus jeune âge au dégoût que sa mère éprouvait pour le sexe en général et pour son mari en particulier. Le dégoût, la honte et l'humiliation étaient des choses qui éveillaient son désir sexuel. La plupart des hommes et des femmes trouvent quelque chose d'excitant dans la conquête et la domination, mais dans le cas d'Alice, cette conquête et cette domination se devaient nécessairement de la rabaisser et de l'avilir. Notez que Tom et Alice n'avaient aucun mal à inverser les rôles : chacun pouvait jouer tour à tour celui du conquérant cruel ou celui de la victime qu'on humilie.

Alice pouvait également être émoustillée par ces mêmes choses qui excitent habituellement les femmes : les mots doux, les images romantiques, les rituels d'affection, etc. Elle appréciait tout particulièrement les lettres d'amour, les chocolats (qui, soit dit en passant, contiennent de la phényléthylamine), les conversations intimes, les dîners élégants et la poésie. Les femmes comme les hommes peuvent être animés par l'odeur de leur partenaire et par le son de sa voix. Nos deux amoureux n'y échappaient pas : Alice adorait l'odeur de Tom ; et quand Alice n'était pas à la maison, Tom pouvait l'appeler à répétition rien que pour entendre le son de sa voix sur son répondeur.

Les stimuli visuels sont une autre source d'excitation sexuelle pour les deux sexes, quoique les hommes soient plus sensibles à eux que les femmes. Alice n'était pas une beauté plantureuse, mais elle avait un derrière rebondi qui plaisait beaucoup à Tom. Tom m'a raconté qu'elle aimait s'habiller pour mettre cet atout en valeur. Lorsqu'un homme fantasme, il évoque dans son esprit des images très précises de certaines parties du corps. Cela explique pourquoi tant d'hommes se tournent vers la pornographie, le cybersexe ou les bars de danseuses.

Je conclurai ce chapitre en énumérant les éléments qui sont généralement présents dans la phase initiale d'une relation amoureuse, et qui semblent régir de manière universelle les émotions et les comportements de l'individu pris de passion.

- ALTÉRITÉ : Mot employé par le philosophe espagnol José Ortega y Grasset pour désigner le contraste entre l'extériorité et l'intériorité de l'expérience humaine. Tous les animaux vivent en état d'altérité : ils sont tournés avec une vigilance extrême vers l'extérieur, toujours en quête de nourriture et à l'affût du danger. De même, l'individu amoureux est éternellement tourné vers l'extérieur, concentrant son attention de manière excessive sur l'être aimé. L'autre occupe l'espace entier de son univers, il devient *son* univers.
- DESTIN : Les couples amoureux voient leur passion comme une manifestation du destin. L'amour que chacun porte à l'autre transcende leur vie et les petites préoccupations du quotidien : il est issu d'une puissance supérieure (la destinée, la force vitale, Dieu) qui les a réunis. L'individu follement amoureux perd le contrôle de sa vie. L'amour que se portaient Tom et Alice, et plus particulièrement leur désir sexuel, semblait relever d'un acte involontaire, comme s'il échappait à leur contrôle conscient. Ils ne pouvaient pas se retenir de se toucher et de faire l'amour. Lorsqu'ils n'étaient pas ensemble, chacun ne pouvait s'empêcher de penser à l'autre, et ces pensées intrusives venaient les perturber dans l'exécution de leurs tâches quotidiennes.
- SPÉCIAL, UNIQUE ET EXCLUSIF : Leur amour étant prédestiné à leurs yeux, les amoureux voient leur relation comme

étant exclusive et très spéciale. Dans leurs échanges, ils se plaisent à souligner les attributs physiques de l'autre – cette fossette sur son menton, le son de sa voix, son odeur, sa beauté.

- SPONTANÉITÉ : Tout devient graduellement plus facile pour les amoureux. Abandonnant leurs mécanismes de défense, ils ont plus de facilité à communiquer. Leurs conversations sont détendues et spontanées. J'ai entendu maintes et maintes fois la déclaration suivante : « Je n'ai jamais été capable de parler à quelqu'un comme je le fais avec ______________________ . »
- VIE SEXUELLE EXCEPTIONNELLE : La vie sexuelle du couple amoureux se fait de plus en plus libre et spontanée. Les partenaires créent pour eux-mêmes une vie sexuelle spontanée, dénuée de frontières, dans laquelle ils s'abandonnent sans retenue. Ce type de comportement disparaît après le mariage pour être progressivement remplacé par un comportement plus affectueux, au fur et à mesure que le sentiment d'identité de chaque conjoint se forge. Le sexe débridé et animal fait alors place à une sexualité plus douce et intime, un idéal que certains couples ont su maintenir tout au long de leur union. Loin de moi l'idée de prétendre que le désir sauvage et charnel est inférieur à « l'amour tendre », car les deux ont leurs mérites. Si Alice et Tom ont pu donner libre cours à leur imagination, c'est parce qu'ils se sentaient suffisamment en confiance l'un avec l'autre. Ce sentiment de sécurité leur a permis de faire du sexe un jeu, et de faire ensemble des choses qu'ils n'avaient auparavant imaginées que dans leurs fantasmes les plus secrets.
- PARTAGER SES SECRETS INTIMES : Tom et Alice se sont dit des choses qu'ils n'avaient jamais révélées à qui que ce soit. Il avait avoué avoir escroqué un de ses partenaires d'affaires en s'appropriant des bénéfices qui revenaient de droit à celui-ci. Alice avait raconté à Tom les fantasmes les plus étranges qui pouvaient lui venir à l'esprit lorsqu'elle se masturbait, en précisant qu'elle craignait que ces pensées fassent d'elle une perverse.

Elle était la première femme à qui Tom s'était confié du fait qu'il s'inquiétait de la taille de son pénis (ce qui n'a rien d'inusité : tous les hommes que j'ai traités au fil des ans ont dit se soucier de la taille de leur pénis). Alice, de son côté, lui avait avoué que ses seins, trop petits, la tracassaient.

- NIVEAU D'ÉNERGIE ET DE VITALITÉ EXAGÉRÉ : Alice et Tom pouvaient faire l'amour pendant des heures, et ils avaient besoin de beaucoup moins d'heures de sommeil que d'habitude. Leurs conversations téléphoniques pouvaient durer des heures elles aussi. Ni l'un ni l'autre n'hésitait à laisser tout en plan pour sauter dans le premier avion, simplement pour rejoindre l'autre et faire l'amour avec lui.
- POSITIVITÉ : La personne amoureuse a tendance à voir les défauts de l'autre comme des qualités. Une femme m'a dit un jour : « J'adore Harry, il est si honnête avec moi ! Nous n'en étions qu'à notre troisième rencontre quand il m'a avoué qu'il avait tué un homme. Je suis certaine qu'il avait de bonnes raisons de faire ça. C'était son secret le plus intime, et c'est avec moi qu'il l'a partagé ! » Lorsque nous sommes amoureux, nous percevons les défauts de l'autre, mais nous les réinterprétons pour les changer en quelque chose de positif.
- JALOUSIE ET TERRITORIALITÉ : Parce qu'il se trouve dans un état de vulnérabilité extrême, chaque partenaire ressent une vive jalousie chaque fois qu'une personne du sexe opposé manifeste de l'intérêt envers l'être aimé, ou lorsque l'être aimé manifeste quelque intérêt que ce soit envers quelqu'un d'autre. Un jour, Alice s'était emportée simplement parce que Tom avait dit qu'Elizabeth Taylor était une belle femme.
- CHANGEMENTS AU MODE DE VIE : Alice avait l'habitude de faire du jogging ou de l'exercice physique tous les jours. Tom décida qu'il se joindrait à elle chaque fois qu'il en aurait l'occasion, ce qui lui permit de perdre près de 30 kilos presque sans effort.

- VULNÉRABILITÉ EXTRÊME ET DÉPENDANCE AUX ÉMOTIONS ET COMPORTEMENTS DU PARTENAIRE: Les individus qui sont amoureux n'hésitent généralement pas à changer leurs plans pour accommoder les désirs ou les besoins de l'autre. Un jour, Tom avait annulé une réunion importante pour aller rejoindre Alice au Minnesota. À une autre occasion, un commentaire anodin de ce dernier avait poussé Alice à se faire faire une liposuccion au niveau des cuisses. Les deux amoureux agissent comme si leurs désirs concordaient en tous points, en minimisant au maximum les différences pourtant bien réelles qu'il y a entre eux. Chaque partenaire investit en l'autre un capital de passion et d'énergie émotionnelle colossal, et se sent complètement dépendant de l'autre. Chacun est excessivement sensible aux paroles et aux expressions faciales de l'autre. Chacun est en proie à des sautes d'humeur fulgurantes déclenchées par les fantasmes qu'il nourrit vis-à-vis des comportements et des émotions de son partenaire.

Pas de doute, Tom avait bel et bien été ensorcelé par dame Nature et sa magie noire. Intoxiqué par l'amour, il vivait un attachement exagéré qui lui faisait l'effet d'une drogue. Il s'était entiché d'Alice au point où il n'était plus lui-même. Son engouement pour elle, cette affection et cet amour essentiellement superficiels avaient sans aucun doute embrouillé son esprit.

Alice était moins éprise de lui. Ce qu'elle voulait avant tout, c'était avoir un mari riche qui s'occuperait d'elle et de ses enfants, et qui lui permettrait de vivre dans un climat plus clément que celui du Minnesota. Au dix-septième mois de leur fréquentation, elle comprit que Tom ne l'épouserait jamais. Moins d'une semaine plus tard, elle s'était trouvé un autre amant. Tom a énormément souffert lorsqu'elle a rompu avec lui. Il se dirait étonné du fait que cette rupture puisse lui causer une souffrance physique si intense, mais de mon côté je savais que l'amour romantique est un état altéré de conscience proche de la transe, et que partant de là, il était possible de comparer Tom à un héroïnomane en manque. Être amoureux est certes une expérience plus riche et plus profonde que l'héroïnomanie, néanmoins cette analogie nous aide à comprendre combien les symptômes de sevrage peuvent être douloureux.

Même si vous ne vous identifiez pas à tous les comportements que je viens de décrire (et vous en manifestez probablement d'autres que je n'ai pas mentionnés et qui vous sont propres), il n'en demeure pas moins que cette première phase de la relation amoureuse est caractérisée en grande partie par un sentiment d'appropriation et de possession – ce que je définirai plus tard comme étant le « schéma romantique ». L'individu amoureux croit dur comme fer que son partenaire est un don du destin, que leur union est prédestinée. Ce précepte est au cœur même de l'état de stress post-romantique, et ce, dans tous les niveaux d'intensité.

Chapitre 3

De « nouvelles » découvertes sur le désir, l'attachement et l'état amoureux

Les résultats que nous avons obtenus ont changé la perception que j'avais de l'Amour romantique. J'en suis venue à concevoir cette passion comme une pulsion humaine fondamentale... c'est un besoin physiologique, une nécessité irrépressible et profonde, un instinct qui nous pousse à courtiser et à nous approprier un partenaire en particulier.

– HELEN FISHER, *POURQUOI NOUS AIMONS ?*

L'histoire d'amour de Tom et d'Alice nous a permis de voir la magie noire de dame Nature à l'œuvre. Bien que leur comportement sexuel ne fût pas tout à fait typique – avec Alice cherchant à proscrire la pénétration vaginale tout en transgressant cette règle de manière aléatoire et en s'adonnant avec abandon au sexe oral et anal –, il témoigne néanmoins de l'extraordinaire vitalité et de la passion que peut susciter l'état amoureux chez l'individu épris d'amour. Tom était follement amoureux d'Alice et il a énormément souffert lorsque celle-ci l'a quitté. Alice était entichée de lui sexuellement, cependant l'exclusivité et la singularité de leur relation (l'impression qu'il aurait pu être le seul homme pour elle) se trouvaient tempérées par ce besoin pressant qu'elle avait de se marier. Si Tom avait été dans son état normal, c'est-à-dire pas amoureux, il n'aurait pas poursuivi la relation après qu'elle lui a révélé qu'un vieil homme riche de sa congrégation religieuse lui avait acheté une maison et une voiture, et lui donnait chaque mois de l'argent. Ce vieil homme, qui n'était ni plus ni moins pour elle qu'un « papa gâteau », essayait depuis un certain temps de convaincre Alice de l'épouser, ce qui expliquait l'empressement de celle-ci de se marier avec Tom. Par-delà ces détails, l'histoire de Tom et d'Alice illustre bien la nature hasardeuse et imprévisible de l'état amoureux, et nous montre à quel point cette expérience qui consiste à être « épris d'amour » peut transcender les projets et les attentes des deux partenaires. Ainsi que je l'ai mentionné au chapitre précédent, le fait de tomber amoureux nous plonge dans un « état altéré de conscience ».

Bouledogue : un expatrié au pays de l'amour

Un homme faisant partie de mes connaissances, que je nommerai Bouledogue (un surnom fictif que j'emploierai pour préserver son anonymat), partit un jour en vacances en Espagne. Bouledogue se disait lui-même un accro de l'amour. Or, durant ses vacances, il tomba follement amoureux d'une jeune femme nommée Isabella. Il devint si épris d'elle qu'il l'épousa et ne revint jamais aux États-Unis. Durant cette période, je n'ai eu avec lui qu'une seule conversation qui me donnait l'impression d'écouter un vieux disque rayé – il répétait sans arrêt : « Je ne peux pas croire que je vais épouser une femme si belle et si jeune, et que je vais vivre avec elle en Espagne. » Bouledogue avait soixante-treize ans ; Isabella en avait trente-huit. Avant de la rencontrer, il projetait d'aller vivre en Oklahoma sur la ferme de sa mère âgée de quatre-vingt-dix ans. Il ignorait à ce moment-là que la magie noire de dame Nature viendrait chambouler ses plans.

Trois schémas cérébraux qui influent sur notre avenir

Auteure de recherches fascinantes, Helen Fisher affirme que la nature a gratifié chacun d'entre nous de trois schémas cérébraux uniques et innés : un premier schéma romantique lié à l'état amoureux ; un deuxième au désir ; et un troisième à l'attachement. Je vous conseille vivement de lire son livre *Pourquoi nous aimons?*, un ouvrage qui m'a beaucoup inspiré dans mon élaboration du concept d'état de stress post-romantique. J'assume l'entière responsabilité de l'interprétation que j'ai faite de ses recherches.

Ces trois schémas cérébraux, qui n'ont été découverts que tout récemment, placent l'amour et le désir dans un contexte évolutionniste. En tant qu'humains, nous devons procréer afin de préserver la continuité de notre lignée et de notre ADN non répété. Mais avant d'engendrer une progéniture, il nous faut trouver un partenaire conforme à nos exigences. Les schémas cérébraux dont parle Helen Fisher nous guident au sein d'un processus que la docteure Patricia Love définit selon ces termes : *meeting, mating* et *procreating*. Le choix d'un partenaire, l'accouplement et la procréation sont les manifestations d'une « force vitale » qui a pour mission d'assurer la pérennité de notre ADN et de notre lignée. Le livre de Patricia Love, *The Truth About Love : The Highs, the Lows, and How You Can Make It Last Forever*, est à mon sens un incontournable. Il regorge de conseils qui vous aideront à résoudre les problèmes causés par l'état de stress post-romantique.

Nous avons tous besoin d'aimer

J'ai récemment regardé à la télé une émission spéciale qui célébrait le cinquantième anniversaire de la première apparition des Beatles au *Ed Sullivan Show*, une émission de variétés extrêmement populaire aux États-Unis dans les années 1950 et 1960. À ma grande surprise, j'ai été très ému d'entendre la musique du groupe ce soir-là; c'était comme si je la découvrais pour la première fois.

J'ignore tout de la dynamique interne de la musique des Beatles, et je ne sais pas exactement de quels éléments précis est constitué le rock and roll, néanmoins, j'ai repéré au cœur de leurs chansons différents thèmes archétypaux.

Les archétypes

Dans la conclusion de mon livre *Retrouver l'enfant en soi*, je cite une scène du film *E.T, l'extraterrestre* de Steven Spielberg. Dans cette séquence, E.T. regarde Elliot d'un air mélancolique et lui dit: « Maison, Elliot, maison. » Des gens de toutes les cultures et de toutes les races ont été émus par ces simples mots et se sont reconnus en eux. Pourquoi? Parce que cette phrase de l'extraterrestre touchait notre inconscient collectif, notre sentiment d'appartenance, ce désir que l'on a tous de vivre en paix et en sécurité dans un chez-soi qui nous est propre. Il s'agit en fait d'un archétype étroitement lié à notre spiritualité.

La chanson *Hey Jude* des Beatles exprime un autre désir universel, celui de trouver une personne chère avec qui partager sa vie et fonder un foyer. Que cela nous plaise ou non, chacun de nous cherche désespérément ce partenaire idéal, cette perle rare à qui nous nous révélerons tout entiers, partageant avec elle nos secrets les plus intimes, et avec qui nous nous accouplerons pour engendrer une famille. Ce désir profondément ancré en nous prend forme, s'incarne chaque fois que Cupidon fait flèche sur nous – c'est-à-dire chaque fois que nous tombons amoureux.

Le schéma romantique

Certains peuples qu'on dit « primitifs » affichent une grande compréhension du processus dynamique de l'amour. Dans *Pourquoi nous aimons?*, Helen Fisher cite Taita du Kenya, qui dit que l'amour vient en deux formes: l'une se présente comme « un désir irrésistible, une sorte de maladie », alors que l'autre serait plutôt

« une affection profonde et durable liant deux êtres ». Je crois que cela résume assez bien les trois schémas cérébraux. Si on dit *tomber* amoureux, c'est parce qu'il s'agit bel et bien d'une chute. Nous pensons sans cesse à l'être aimé – il est si « spécial » à nos yeux que nous voulons être avec lui tout le temps, et avec personne d'autre. Notre personnalité change : le radin se met soudain à couvrir sa belle de cadeaux ; la femme qui n'aime pas qu'on la touche se transforme tout à coup en un volcan bouillonnant de désir sexuel. Les deux partenaires voient leur niveau de testostérone, cette substance qui donne de la vigueur aux amoureux, s'élever considérablement. Dans ma pratique, j'ai traité des hommes et des femmes amoureux dont les niveaux de testostérone étaient habituellement bas, et d'autres qui avaient normalement un taux de testostérone élevé ; or, chez les uns comme chez les autres, l'impact énergétique de l'état amoureux s'avérait considérable. Certains d'entre eux étaient physiquement en dehors de leur zone de confort sexuel, alors que d'autres avaient l'impression d'être montés au septième ciel. L'apogée sexuel dans lequel tous se trouvaient était causé par les substances chimiques que nous sécrétons lorsque nous tombons amoureux. À l'époque où je suivais ces couples, le cocktail PEA-dopamine dont j'ai parlé au chapitre précédent avait été étudié, mais il n'était encore qu'une hypothèse avant que les résultats des travaux de recherche d'Helen Fisher ne soient publiés.

Fisher et ses collègues ont découvert que des substances chimiques puissantes émanant du noyau caudé, cette partie du cerveau où se trouve le circuit de la récompense, déclenchent la production de dopamine et probablement de norépinéphrine tout en réduisant le niveau de sérotonine. Tout indique que ces substances sont à l'origine de l'extase qui compromet le schéma cérébral romantique. C'est pourquoi les amoureux rejetés ressentent une telle colère : ils doivent renoncer à une vie sexuelle incroyablement gratifiante ainsi qu'au confort et à la spontanéité dont ils jouissaient quand ils étaient en relation.

La science avait démontré auparavant que les émotions ressenties quand on tombe amoureux sont produites par des substances et des réseaux précis du cerveau. Helen Fisher, quant à elle, croit que l'état amoureux – ce qu'elle appelle le schéma romantique – est une pulsion humaine fondamentale et innée, au même titre que boire et manger. Elle fait même un parallèle entre l'état amoureux et l'instinct maternel, concluant que ce désir que nous avons de tomber amoureux « est un besoin physiologique profond, un instinct qui nous pousse à courtiser et à nous approprier un partenaire en particulier en vue de l'accouplement » (*Pourquoi nous aimons ?*). Fisher et son équipe ont découvert que le désir et l'attachement relèvent de schémas cérébraux distincts. La romance (être amoureux), le désir et l'attachement sont gouvernés par trois zones distinctes du cerveau qui sont mues par un objectif différent.

Sur une période de six ans, Fisher et ses collègues ont étudié le cerveau de plus de cent quarante hommes et femmes qui étaient amoureux fous. La moitié des sujets était avec un ou une partenaire qui partageait ses sentiments, alors que l'autre moitié était composée d'individus qui avaient été rejetés par la personne dont ils étaient épris. Fisher et ses cohortes employaient une nouvelle méthode de scan cérébral, l'imagerie par résonance magnétique fonctionnelle (IRMF), qui mesure l'activité du flot sanguin dans des régions précises du cerveau. Les scientifiques connaissaient déjà à cette époque les connexions neuronales qui reliaient les nerfs aux différentes zones du cerveau. Fisher a élaboré un questionnaire en cinquante-cinq parties sur l'état amoureux (c'est-à-dire sur ce que l'on ressent quand on est amoureux, épris de quelqu'un, ou quand on éprouve pour quelqu'un une forte attirance). Elle a également interrogé tout un assortiment d'amoureux qui avaient été rejetés. Ses recherches l'amenèrent à tirer des conclusions saisissantes qui venaient confirmer ce qu'elle soupçonnait déjà, à savoir que l'état amoureux est régi par un schéma cérébral inné mû par de puissantes substances chimiques.

La durée du schéma romantique

Au fil de ses recherches, Helen Fisher a pu déterminer que le schéma romantique dure environ dix-sept mois. Notre couple du chapitre 2, Alice et Tom, est un exemple type de cela – Alice a en effet quitté Tom exactement dix-sept mois après le début de leur romance. D'autres recherches ont conclu que la durée du schéma romantique, la période durant laquelle on se sent « amoureux », pouvait varier de douze à dix-huit mois. Lorsque cette période arrive à son terme, l'extase amoureuse et sexuelle, l'obsession qu'on a de l'autre, le besoin d'être ensemble et les autres éléments de l'idylle amoureuse (le besoin de parler au téléphone avec l'autre pendant des heures, de l'embrasser et de le toucher constamment) disparaissent graduellement, laissant les amoureux dans cet état que je nomme « état de stress post-romantique ».

Le paradis perdu

La testostérone et les exaltants chimiques qui ont vu leur niveau s'élever durant la phase de fièvre amoureuse reviennent peu à peu à la normale lorsque le schéma romantique atteint son inévitable conclusion : l'appétit sexuel des partenaires retrouve alors le niveau où il était avant que ceux-ci ne tombent amoureux. Malheureusement, les amoureux associent trop souvent ce retour à un équilibre naturel et nécessaire à une baisse du sentiment amoureux. En d'autres mots, ils pensent qu'ils ne s'aiment plus. Certains individus sont capables de conserver l'attachement qu'ils ressentent envers l'autre tout au long de cette période de rééquilibre, et ils travaillent à approfondir leur amour et à le rendre plus durable. Ceux qui confondent euphorie amoureuse et amour mature risquent de se séparer à la fin de cette phase initiale, ou alors ils restent dans une relation qui sera marquée par la colère, le ressentiment et les conflits puérils.

La fin d'une ère et le début d'une autre

Une fois la phase d'euphorie amoureuse terminée, le pire scénario qu'on puisse envisager serait qu'un des partenaires exhibe une forme extrême d'ESPR, ce qui le conduirait à manifester de la violence envers lui-même ou envers l'autre. Les travaux de Fisher et d'autres scientifiques ont démontré que la fin du schéma romantique marque le début d'une seconde étape durant laquelle les partenaires auront l'occasion de bâtir une relation plus intime, plus mature et plus solide. Bien des gens croient que l'amour, ça ne se « travaille » pas, mais en réalité cette période transitoire et évolutive peut être la plus excitante que le couple aura traversée jusque-là. Sachant que la nature tend vers la complexité et non vers une compatibilité stricte, il est normal que les partenaires travaillent durant cette phase à aplanir leurs différends, que ces divergences soient liées à l'héritage familial ou culturel, aux conflits internes ou aux blessures émotionnelles de chacun. C'est au cours de cette étape que se construisent les fondements de l'édifice amoureux, mais à ce moment aussi que se manifestent les premiers symptômes d'ESPR.

L'amour est-il le fruit du hasard ?

Fisher et son équipe ont démontré que, contrairement à la croyance populaire, tomber amoureux n'est pas un événement accidentel, soumis aux caprices du hasard. Nous savons maintenant que le corps humain est fait pour produire le sentiment amoureux ; il suffit que nous rencontrions la bonne personne au bon moment pour que notre schéma romantique soit déclenché. Tout cela ne se fait pas instantanément – les coups de foudre existent, certes, mais ils sont plutôt rares –, toutefois on ne doit généralement pas attendre bien longtemps avant que les réseaux cérébraux d'un ou des deux futurs partenaires déclenchent les mécanismes primitifs liés à l'accouplement, l'extase sexuelle et la reproduction.

Le schéma romantique est la plupart du temps suivi d'un autre schéma qui, lui, est lié au désir. La testostérone, qui est l'hormone du désir sexuel, est alors introduite en plus grande quantité dans l'organisme par le biais de ce neurotransmetteur qu'est la dopamine. L'injection de dopamine dans le flot sanguin de l'homme stimule immédiatement son désir de faire l'amour. En ce qui a trait à la testostérone, chacun de nous a un niveau de base différent – il s'agit d'un trait héréditaire, ce qui explique pourquoi certains d'entre nous sont naturellement plus « sexuels » que d'autres.

L'influence du schéma romantique est extrêmement puissante du fait que c'est ce dernier qui doit assurer la transmission de nos gènes développementaux. Quand un partenaire réalise que l'autre le désire moins sexuellement, son premier réflexe sera souvent de mettre fin à la relation, même si dans les faits, il n'y a pas d'incompatibilité foncière entre lui et son ou sa partenaire. Cet abandon est la plus grande tragédie de l'état de stress post-romantique.

En résumé, on peut dire que nos trois schémas cérébraux innés ont pour mission d'assurer la perpétuation de l'espèce. Tomber amoureux (le schéma romantique) a bien souvent pour effet de déclencher le désir sexuel (schéma du désir) ; le nouveau couple connaît alors plusieurs mois de sexualité débridée, après quoi le schéma de l'attachement est enclenché, ce qui mène au désir de créer un chez-soi en vue d'engendrer une progéniture. La dopamine et la norépinéphrine sont alors remplacées en partie par la vasopressine, et les niveaux d'oxytocine et de sérotonine reviennent à la normale.

Le schéma du désir

L'être humain peut intuitivement faire la distinction entre l'amour romantique (le sentiment d'être amoureux) et le désir. Nous pouvons avoir des relations sexuelles avec une personne sans nécessairement vouloir l'épouser. Nous sommes également capables de distinguer sans problème l'amour romantique de l'attachement. Une fois que nous ressentons de l'attachement pour quelqu'un, l'intense extase amoureuse que nous ressentions au début, de même que notre appétit sexuel exacerbé, diminuent en intensité. L'amour romantique déclenche la plupart du temps le schéma du désir – c'est ce qui est arrivé dans le cas de Tom et d'Alice. Mais le désir sexuel peut-il simuler l'amour romantique ? Une femme peut-elle coucher avec un ami, un collègue de travail ou même un étranger et tomber amoureuse de lui ?

C'est possible, cependant les choses ne se passent habituellement pas ainsi. Ce n'est pas de cette manière que l'on tombe amoureux. Pour citer Fisher : « Le désir sexuel ne mène pas nécessairement à la passion et à l'obsession typiques de l'amour romantique. Les circuits cérébraux qui sont liés au désir n'enflamment pas nécessairement les braises de l'amour » (*Pourquoi nous aimons ?*).

Les relations libertines

Mais dame Nature étant capricieuse, la chimie du désir sexuel et de la copulation peut effectivement déclencher le sentiment amoureux – voilà pourquoi il peut être risqué d'avoir des relations sexuelles avec une personne avec laquelle on n'a pas envie de s'engager à long terme. Les relations libertines sont plus dangereuses que l'on croit : il est en effet tout à fait possible de tomber amoureux de quelqu'un alors qu'au départ, on ne voulait avoir avec lui ou avec elle qu'une relation sexuelle sans lendemain.

Le plus vieux lion du monde

Un proverbe italien dit que le désir est « le plus vieux lion du monde ». Le désir est le schéma cérébral primordial qui, du point de vue de l'évolution, assure la perpétuation de la race humaine, et il était là bien avant que les schémas de l'amour et de l'attachement n'apparaissent. Sans lui, la race humaine se serait éteinte depuis longtemps. Bien que certaines personnes continuent de confondre amour et désir, la plupart d'entre nous sont capables de faire cette distinction. Le désir était déjà là lorsque le schéma romantique fut élaboré au sein du cerveau humain. On pourrait décrire le désir comme étant la pulsion universelle qui nous pousse à avoir des relations sexuelles avec une personne qui nous excite. En tant qu'êtres humains, nous pouvons ressentir du désir à peu près n'importe où et à n'importe quel moment.

L'objectif premier du désir est la relation sexuelle. Bien que cette pulsion soit bien différente de notre besoin d'aimer, l'amour romantique peut mener au désir tout autant que le désir peut mener à l'amour romantique.

Jonas : accro au désir

Un des clients que j'ai traités dans ma pratique, appelons-le Jonas, se plaignait souvent du fait que ni l'une ni l'autre de ses deux ex-épouses ne correspondait au type de femme qu'il désirait. Jonas, alors âgé de soixante-quatorze ans, était attiré par des femmes aux cheveux foncés qui avaient de gros seins, un derrière plantureux et une toison pubienne foisonnante. Je lui ai demandé un jour s'il avait déjà songé à épouser et à fonder une famille avec une femme de ce genre. « Grand Dieu, jamais de la vie ! » s'est-il exclamé. Depuis son second divorce, m'a-t-il expliqué, il avait eu un certain nombre d'aventures avec des femmes qui correspondaient à son idéal sexuel, mais il n'avait jamais été question pour lui de s'engager dans une relation sérieuse avec elles. « Elles m'intéressaient seulement pour le sexe. Ce n'étaient pour moi que des *salopes sur pattes.* » Du temps de mon adolescence, on employait souvent cette expression peu flatteuse pour désigner les femmes frivoles et un peu vulgaires. En fait, Jonas était accro au désir. Tout au long de ses deux mariages, il avait eu de nombreuses aventures extraconjugales. Il avait des enfants, mais s'en occupait très peu. Il n'était rien de plus qu'un père biologique, un donneur de sperme au schéma d'attachement déficient.

Seuls au monde

Quand on est amoureux, notre désir le plus cher est de passer le plus de temps possible avec la personne spéciale qui occupe nos pensées. Nous aimons sentir que nous sommes tous les deux seuls au monde. Tous les amoureux qui sont sous l'influence du schéma romantique en viennent à se désintéresser temporairement d'à peu près toutes les choses qui les motivaient et les stimulaient avant qu'ils ne tombent amoureux ; ils renoueront avec leurs intérêts une fois la fièvre amoureuse estompée. Les individus qui sont mus principalement par le désir sexuel fonctionnent bien différemment : après avoir goûté au plaisir, ils n'ont aucune envie de s'attarder. Le partenaire axé sur le désir quittera précipitamment votre lit le matin venu – quand il ne cherchera pas à s'éclipser immédiatement après l'orgasme ! On dit à la blague que ce genre de partenaire est comme un coyote pris au piège : si vous tentez de le retenir, il s'arrachera le bras à coups de dents pour échapper à votre étreinte. Et ce type de comportement peut s'appliquer aux femmes autant qu'aux hommes.

Le désir est contrôle

Quand on est amoureux, on a l'impression de « perdre le contrôle ». À l'opposé, lorsque nous sommes sous l'emprise du désir, nous devenons rusés et calculateurs. Le désir suppose une certaine mesure de planification et de contrôle – pensons à tous ces gens qui utilisent des aphrodisiaques dans l'espoir de stimuler leur appétit sexuel.

Autrefois, on plaçait souvent des tomates (on les appelait alors « pommes d'amour ») dans les bordels parce qu'on croyait qu'elles avaient des vertus aphrodisiaques. Les ailerons de requin, les huîtres, le homard, les yeux d'hyène, les cornes de rhinocéros, les langues d'oie, le chocolat, le caviar, la grenade, la bière, les dates, les figues, les prunes, les scarabées pulvérisés en poudre (communément appelés *spanish fly*) sont également réputés pour leurs supposées propriétés aphrodisiaques. À travers les siècles et dans toutes les cultures, l'être humain a utilisé des substances de ce genre pour rehausser sa performance sexuelle et aiguillonner le désir de son ou de sa partenaire. Je me souviens encore du jour où mon ami Joe m'a offert du *spanish fly* ;

j'avais seize ans et j'étais aussi excité qu'un lapin en chaleur. J'ai avalé la dose avec un peu d'eau, puis j'ai attendu. Une semaine plus tard, il ne s'était toujours rien passé. Imaginez ma déception: j'avais espéré faire des tas de rêves érotiques qui viendraient alimenter mes fantasmes adolescents, ou jouir d'une vitalité qui m'aurait permis de passer une nuit mémorable avec une des filles des maisons de passe de Galveston, la ville texane où j'habitais, que je fréquentais déjà à cet âge. Le schéma du désir fonctionne indépendamment du schéma romantique et du schéma de l'attachement. C'est ce qui fait que nous pouvons aimer une personne, être attaché à elle et en même temps désirer quelqu'un d'autre.

Le schéma de l'attachement

Après la période de douze à dix-huit mois durant laquelle nous sommes «passionnés», notre énergie et notre passion commencent à s'étioler. Le schéma romantique fait alors place à un autre schéma qui peut se manifester avant ou après que le couple a conçu un enfant. À la fin de la phase d'euphorie sexuelle, avant que la déception ne s'installe, la plupart des couples ont déjà développé des sentiments de confort, de fidélité et de sécurité. La nature elle-même a mis en place ce schéma d'attachement dans le but de s'assurer que nous serons là pour nous occuper de notre progéniture: les futurs parents ont en effet besoin d'un nouveau schéma cérébral qui viendra sceller leur union et leur donnera envie d'avoir un enfant et d'en prendre soin. Bon nombre de psychologues estiment que ce nouveau sentiment fait écho au schéma d'attachement vécu dans notre enfance avec la personne qui nous prodiguait des soins maternels. Un lien d'attachement suffisamment bon procure à l'individu ce qu'on appelle une «base de sécurité», fondement psychologique dont nous avons tous besoin. La psychologue Elaine Hatfield affirme que le schéma de l'attachement nous permet de renouer avec les émotions et l'empathie propres à la première relation symbiotique que nous avons vécue au début de notre vie. Idéalement dans un couple, chaque partenaire fournira à l'autre une base de sécurité adéquate.

Le problème est que bon nombre d'entre nous n'ont pas eu dans leur petite enfance une figure d'attachement sécurisante, si bien que, une fois adultes, nous ne pouvons pas reproduire adéquatement ce comportement au sein du couple. L'attachement peut se manifester de plusieurs façons : chez certains il sera « détaché/évitant » ; chez d'autres, il sera « anxieux/ambivalent » ; alors qu'un plus petit nombre d'entre nous exprimera un attachement « désorganisé/désorienté ». Dans mon livre *Découvrir ses vraies valeurs* (p. 124 à 128), je parle d'une expérience psychologique conçue à l'origine par Mary Ainsworth – et répétée par la suite par Mary Main – qui évalue le type d'attachement qu'il y a entre un enfant et sa mère ou une figure maternelle. (Nous discuterons plus en détail au chapitre 8, des troubles de l'attachement et de ce qu'on peut faire pour les modifier.) Helen Fisher décrit l'attachement comme étant « un agréable sentiment de communion avec une personne dont la vie est devenue intimement liée à la nôtre ».

Le schéma de l'attachement est le fondement sur lequel nous nous appuierons dans la deuxième partie de ce livre, alors que nous nous intéresserons au travail qu'on doit faire sur soi pour être capable d'aimer avec maturité. Il est important de noter que le sentiment d'attachement est moins intense, énergique et obsessif que les émotions liées au désir sexuel et à l'amour romantique.

Une fois la période initiale de fièvre amoureuse et sexuelle traversée, les partenaires s'emploieront à approfondir l'attachement qu'ils éprouvent l'un envers l'autre. Les nouvelles découvertes réalisées dans le domaine des relations de couple nous ont appris que l'étape de « l'amour fou » est un plaisant prélude qui ne nécessite aucun effort, alors que les étapes subséquentes exigent des partenaires qu'ils travaillent à l'élaboration d'une amitié et d'une intimité plus profondes – qui doivent bien sûr être accompagnées d'une vie sexuelle satisfaisante. L'amour mature et véritable est un processus ; on ne peut pas l'atteindre sans investir temps et efforts. Tous les amoureux comprennent tôt ou tard que l'intensité sexuelle et amoureuse qu'ils ont connue au début de leur relation ne peut pas durer – même s'ils ignorent tout des réactions chimiques qui en sont la cause (production de dopamine et de norépinéphrine, réduction de la sérotonine, augmentation du taux de testostérone). Il est impossible de mener une vie normale tout en soutenant l'intensité amoureuse du schéma romantique.

Si vous êtes un individu codépendant qui souffre de troubles de l'attachement dus à des sévices physiques, sexuels, émotionnels ou spirituels, à un traumatisme particulier ou à l'abandon ou à l'enchevêtrement parental, il est fort probable que vous vous trouviez, à un degré ou à un autre, en état de stress post-romantique (nous parlerons plus en détail de l'ESPR au chapitre 4).

Les trois schémas cérébraux innés que nous avons récemment découverts nous permettent de mieux saisir les différences énormes qu'il y a entre la période initiale d'amour et de désir fou, et cette troisième étape développementale de l'amour mature qu'est le schéma de l'attachement. Ces trois schémas cérébraux nous font comprendre que «l'amour romantique *n'a pas pour fonction de nous aider à conserver un partenaire amoureux*» (Fisher, *Pourquoi nous aimons?*, l'italique étant de moi). L'amour romantique a évolué en fait pour nous permettre de rencontrer une personne que nous pouvons désirer physiquement et émotionnellement, un partenaire unique et «spécial» que nous choisirions à l'exclusion de tout autre, peu importe qu'il corresponde ou non à notre idéal sexuel – ce qui n'est d'ailleurs généralement pas le cas. Dame Nature fait ici usage de sa magie noire pour nous empêcher de nous poser la question suivante: *Pourquoi ai-je choisi cette personne plutôt que celle-ci ou celle-là?*

La biologie du choix amoureux

Au premier chapitre de mon premier livre, *Le défi de l'amour*, j'ai évoqué la perplexité que l'on peut ressentir lorsqu'on voit un couple visiblement amoureux dont les partenaires, à première vue, ne nous semblent pas bien assortis. J'y racontais l'expérience que j'avais vécue l'été de mes quinze ans, alors que j'étais commis dans une épicerie de quartier. On m'avait donné pour mission de déclencher une sonnerie chaque fois qu'une belle femme entrait dans le magasin, cela afin que Léon dans les fruits et légumes, et Bubba et Phil du comptoir des viandes, puissent venir se rincer l'œil. Au bout d'un moment, on ne put que constater que bon nombre de ces magnifiques créatures avaient au bras un homme d'allure tout à fait ordinaire – et qu'à l'inverse, les beaux mecs étaient souvent appariés à des femmes plutôt quelconques. « Si elle me connaissait, elle ne serait pas avec un ringard pareil ! » sifflait alors Léon, à qui il manquait deux incisives, avant de cracher sa chique de tabac d'un air dégoûté. Léon se faisait bien sûr des illusions : il en était à son quatrième mariage, et comme vous l'avez sans doute deviné à ma description, il n'avait rien d'un prince charmant. N'empêche, tous ces couples dépareillés nous portaient à réfléchir. Qu'est-ce qui faisait qu'une personne belle pouvait tomber amoureuse de quelqu'un de laid ? C'est là un mystère aussi vieux que la terre.

Des ADN différents

Pourquoi notre cœur choisit-il cet homme ou cette femme plutôt qu'un autre ? Des recherches portant sur le rejet des tissus dans les greffes d'organes nous ont aidés à mieux comprendre ce qui nous guide dans le choix d'un partenaire. Les scientifiques ont découvert que le corps humain sait faire la différence entre un ADN familier et un ADN étranger ; il peut aussi différencier les gènes compatibles de ceux qui sont incompatibles. Dans un article intitulé *MHC-Dependent Mate Preferences in Humans* (Le CMH comme influence dans le choix d'un partenaire chez l'humain), publié dans la revue scientifique *Proceedings of the Royal Society in London* (260:245-49), Claus Wedekind et son équipe rapportent qu'une femme juge désirable l'odeur d'un T-shirt trempé de sueur lorsque les antigènes leucocytaires humains (HLA) de l'homme qui l'a porté ont un profil différent du sien. En d'autres mots, les femmes sont attirées par l'odeur des hommes qui ont un ADN différent du leur.

La docteure Patricia Love a écrit ceci au sujet de l'HLA: «L'ADN est le détecteur de maladies du système immunitaire. L'HLA d'un individu est codé pour un nombre limité de maladies, et sera transmis à sa progéniture par l'ADN. Si cet individu s'accouple avec une personne qui a un code HLA différent du sien, leur progéniture sera immunisée contre un plus grand nombre de maladies (*The Truth About Love*).»

En bref, cela signifie que nous ressentons une plus grande attirance envers les individus qui ont un ADN compatible au nôtre, mais qui est aussi le plus différent possible du nôtre. Et vous qui pensiez savoir ce qui vous attirait au début chez votre partenaire! Les théories avancées par des approches telles que la méthode Gottman ou la thérapie relationnelle Imago sont utiles aux couples déjà formés qui veulent évoluer, mais au tout début d'une relation, c'est bel et bien dame Nature, avec sa magie noire, qui mène le bal. Comme je l'ai mentionné précédemment, la nature tend toujours vers une plus grande complexité.

Les trois schémas cérébraux dont nous venons de parler sont absolument essentiels à l'évolution de la vie humaine. De récentes recherches scientifiques ont démontré que les couples qui s'emploient activement à développer leur attachement traversent trois phases développementales distinctes qui leur permettront d'approfondir leur amour et d'enrichir leur relation.

Dans la deuxième partie du livre, je vous proposerai un modèle ouvert et flexible, étoffé par des exercices expérientiels, qui vous aidera à définir votre propre version de l'amour mature. Il n'y a pas qu'une seule façon d'aimer: l'amour nécessite une bonne dose de souplesse de la part des deux partenaires, la conscience de ce que l'on est, associée également à un franc désir d'évoluer (j'expliquerai au chapitre 11 comment faire pour développer un sentiment d'identité qui est à la fois fort et flexible). Cela dit, la science a relevé de nombreux points communs au sein des couples de longue date qui ont une union heureuse. Nous expliquerons dans la deuxième partie du livre des lignes directrices basées sur ces similitudes, mais avant cela, il nous faut étudier plus en profondeur ce qu'est l'état de stress post-romantique.

Chapitre 4

L'état de stress post-romantique

Pourquoi la flamme de leur passion
se doit-elle refroidir aussitôt qu'attisée ?

– Matthew Arnold

Dans *The Truth About Love*, la docteure Patricia Love relate courageusement une expérience personnelle liée à l'état de stress post-romantique (ESPR) : « Cette conviction que j'avais que nous ne nous désirions plus sexuellement m'a menée à faire un geste que je regrette aujourd'hui amèrement : j'ai divorcé d'un mari honnête et aimant qui, de surcroît, est le père de mes deux enfants. Nous étions tous les deux persuadés que nous ne nous aimions plus. »

L'ESPR est à l'origine de bien des mariages malheureux et d'une multitude de divorces malavisés. Il m'a été donné d'observer ce phénomène maintes et maintes fois au cours des quarante dernières années, mais fort heureusement depuis ce temps, l'anthropologie, les neurosciences et les recherches axées sur le cerveau humain ont fait des découvertes qui nous permettent de mieux comprendre la cause et la nature de cet état.

Dans mes vingt années de pratique en tant que thérapeute conjugal, j'ai vu environ cent cinquante personnes mettre fin à une relation ou à un mariage parce qu'ils étaient en état de stress post-romantique. Bien que les données que nous avons maintenant sur la chimie du cerveau et sur la manière dont elle affecte nos comportements n'étaient pas disponibles il y a vingt ans, j'étais conscient du fait qu'un grand nombre de ces séparations auraient pu être évitées ; elles avaient lieu parce que l'un ou l'autre des partenaires était en panne de désir, ce qui l'amenait à croire qu'ils ne s'aimaient plus. Il était clair à mes yeux que la plupart des partenaires qui optaient pour la séparation présentaient de profondes blessures d'amour-propre.

Toujours dans *The Truth About Love*, la docteure Love écrit : « Il est évident qu'à défaut d'avoir en main les informations et les directives pertinentes, un couple peut aisément commettre de graves erreurs. » C'est effectivement une très grave erreur que de mettre fin à une relation ou à un mariage potentiellement satisfaisant en raison de comportements que l'on comprend mal ou pas du tout. En 1999, le rapport du *National Marriage Project* publié par une université américaine rapportait dans ses sondages que les individus interrogés inscrivaient systématiquement « *une relation amoureuse satisfaisante* » au sommet de leur liste de conditions nécessaires au bonheur. Alors, pourquoi le taux de divorce est-il actuellement plus élevé qu'il ne l'a jamais été ? Ailleurs dans le questionnaire, les sujets ont répondu qu'ils ne voulaient pas se marier parce qu'ils craignaient de devenir malheureux ou insatisfaits, ou que leur union se termine par un divorce.

Considérant que le taux de divorce est à plus de 50 pour cent et que seulement 33 pour cent des gens mariés se disent heureux en couple, il n'est pas étonnant que le mariage suscite une telle appréhension. Je ne compte plus les personnes qui, au cours des dernières années, m'ont dit que la plupart de leurs amis et connaissances étaient coincés dans un mariage sans joie et ennuyeux, qu'ils avaient l'impression de mériter un meilleur sort, mais avaient peur de se retrouver seuls. En d'autres mots, ils gâchaient leur vie en restant au sein de cette union malheureuse.

Bon nombre de mes clients se trouvaient dans cette situation, tolérant tant bien que mal un mariage qui les rendait misérables. Certains restaient en couple parce qu'ils hésitaient à rompre leurs vœux de mariage ; d'autres évitaient le divorce pour des raisons pratiques ou financières. Nombreux étaient ceux qui restaient mariés pour le bien de leurs enfants, dans certains cas même après que ceux-ci eurent atteint l'âge adulte et quitté le nid familial. Bien des gens ne se séparent pas pour des motifs religieux – je connais plusieurs couples mariés extrêmement malheureux qui répugnent à mettre fin à leur union parce que leur foi leur interdit le divorce. Une de mes connaissances, un homme marié depuis soixante et un ans qui n'a jamais connu le bonheur conjugal, prétend ne pas avoir mis fin à cette union en raison de sa religion, qui lui interdit le divorce ; cependant, je soupçonne que cela ne soit pas son seul obstacle au divorce, puisque sa religion proscrit également l'infidélité, ce qui ne l'a pas empêché d'avoir de nombreuses aventures amoureuses au fil des années – de fait, j'ai observé que dans une majorité de mariages de longue date, l'un ou l'autre des partenaires avait eu une ou plusieurs aventures.

Je crois fermement que dans la plupart des mariages qui perdurent, les partenaires avaient au début un schéma d'attachement acceptable. L'un des partenaires, ou les deux, se disait : « J'aime mon conjoint (ou ma conjointe), mais je ne suis pas amoureux. » Ce sentiment reflétait leur besoin de tendresse et de sécurité, leur désir de fonder un foyer et, dans la majorité des cas, d'avoir des enfants. Ceux qui étaient suffisamment motivés pour entreprendre une thérapie travaillaient à résoudre les traumatismes issus de leur enfance et acquéraient de nouveaux outils relationnels, notamment en ce qui a trait à la résolution de conflits; ils parvenaient parfois dans leur couple à un niveau d'intimité proche de l'extase ressentie du temps où ils étaient follement amoureux. Ceux qui ne faisaient aucun effort et préféraient le *statu quo* parce qu'ils avaient peur de se retrouver seuls, ou pour une autre raison, continuaient de souffrir de la fin du schéma romantique et de la sexualité débridée qu'ils avaient vécue durant celui-ci, ainsi que des différences perçues ou réelles qu'il y avait entre eux et leur partenaire. Ils souffraient également en raison de leur bagage émotionnel – les « blessures » du passé – et de leur Moi fracturé.

Tom et Alice: après la chute

Tom était dévasté lorsqu'Alice et lui se sont séparés. Il s'est mis à boire et avait même des idées suicidaires. J'étais son thérapeute durant cette période, et je peux dire qu'il a fallu six bons mois avant qu'il n'abandonne l'idée qu'elle reviendrait à lui. Il lui arrivait d'éprouver d'atroces douleurs physiques, des nœuds dans l'estomac, des serrements à la gorge qui l'empêchaient presque de parler. Ce dernier symptôme était sans nul doute causé par la honte qu'il ressentait d'avoir été laissé par elle – les sentiments de honte intenses entravent souvent la capacité de s'exprimer. Un an après sa séparation, il a recommencé à fréquenter des femmes et est peu à peu revenu à son état normal. Durant les deux derniers mois de leur relation, Alice avait commencé à voir un autre homme en cachette, ce que Tom avait découvert deux semaines avant qu'ils ne rompent. En état de panique, il avait frénétiquement tenté de restaurer leur « amour », mais cela avait été en vain. Moins d'un an plus tard, Tom apprit de la meilleure amie d'Alice que celle-ci avait épousé ce nouvel amant – qui, aux dires de l'amie en question, était très riche.

Il ne fait aucun doute qu'Alice était victime d'une dépendance: elle était accro au sexe et au sentiment amoureux. Elle m'avait révélé un jour que dans les deux années qui avaient précédé sa rencontre avec Tom, elle avait eu neuf amoureux différents. Tom apprendrait par la suite d'un ami commun qu'au cours de sa seconde année de mariage avec son nouvel époux, elle avait déjà pris un amant. Après sa rupture avec Tom, Alice avait évité de tomber en état de stress post-romantique en se remariant immédiatement, et une fois l'extase sexuelle avec son nouveau mari diminuée, elle avait aussitôt amorcé une nouvelle liaison amoureuse. Elle reproduirait probablement ce comportement à maintes reprises, jusqu'à ce qu'elle consente à travailler sur elle-même dans le cadre d'une thérapie.

Nous avons découvert plus de choses sur l'amour, sur le processus de sélection d'un partenaire, sur le mariage, sur l'attachement et sur la santé familiale au cours des dix dernières années qu'à tout autre moment de l'histoire. *La famille* est un livre dans lequel j'examinais les troubles émotifs issus du système familial. Dans le présent ouvrage, je tiens plutôt à vous faire part des nouvelles découvertes qui concernent l'amour, le désir et l'attachement, et à démontrer qu'une bonne image de soi et un bon équilibre psychique sont essentiels à l'établissement de relations amoureuses satisfaisantes et durables. Les cas suivants vous donneront une meilleure idée de ce qu'est l'état de stress post-romantique, ainsi que l'extase et l'agonie qu'il peut causer.

Sandra et Colby : le complexe de la Madone et de la putain

Sandra était une femme à testostérone élevée, aussi fut-elle ravagée lorsqu'un incident vint troubler sa vie sexuelle avec son fiancé, Colby. Ils étaient en vacances cette semaine-là dans les îles vierges britanniques. Un jour dans l'après-midi, Sandra décida d'enfiler un uniforme d'infirmière sexy, histoire d'ajouter un peu de piquant à leurs ébats. Lorsqu'il la vit sortir de la salle de bain dans cet attirail, Colby fut pris de panique. Tout son corps s'est tendu. Il n'était plus capable de respirer. Ce genre de malaise lui arrivait fréquemment du temps de son premier mariage. En fait, il était frappé de ce que certains appellent « complexe de la Madone et de la putain », où l'homme ne peut plus avoir de relations sexuelles avec une conjointe qu'il aime et chérit : il devient incapable, par peur de lui manquer de respect ou de l'avilir, de lui faire l'amour et encore moins de la « baiser ». Sandra a vécu la chose comme un rejet, ce qui a sérieusement secoué les bases de leur union.

Dans une de ses séances avec moi, Sandra m'a avoué qu'après cet incident, elle n'avait jamais plus osé faire les premiers pas au cours d'une relation sexuelle dans son couple. Par la suite, lors de séances avec les deux partenaires, j'ai remarqué que quand le sujet de la sexualité venait sur le tapis, Sandra revivait des émotions liées à son ESPR initial et se repliait sur elle-même. La première crise de Colby avait ouvert une brèche profonde dont les effets se faisaient sentir dans toutes les facettes de leur relation – quand l'ESPR fait irruption pour la première fois, c'est toujours un choc. J'utilise ici le mot *brèche* de la manière dont le docteur Jay Wagner, un excellent psychiatre de Los Angeles, l'utilise dans un livre intitulé *The Breach* qui sera bientôt publié : « Où il y avait un "nous", il y a maintenant un "je" », dit-il pour illustrer le concept. Lorsque cette brèche survient, les attentes et les croyances que vous entreteniez consciemment ou inconsciemment envers la personne aimée sont pulvérisées. Vous ressentez cela comme une perte. Un grand vide s'installe en vous.

Dans les cinq années qui suivirent, Sandra multiplia les manières très subtiles de punir Colby. Elle était en état de choc, furieuse et triste lorsqu'il lui demanda le divorce. Le complexe de la Madone et de la putain semble principalement affecter les hommes, mais il n'en est pas moins traumatisant pour les deux partenaires. Le partenaire rejeté est toujours profondément blessé par cette brèche qui vient fissurer son couple.

Bill et Sue : poussés jusqu'à l'ESPR

Un autre couple que j'ai traité et qui se disait follement amoureux, appelons-les Bill et Sue, affichait tous les comportements évoqués au chapitre 2. Bill avait dix ans de moins que Sue. Après deux ans de fréquentation, ils se sont mariés. C'est alors que j'ai repéré en eux tous les éléments de l'état de stress post-traumatique (ESPT). On a fait beaucoup d'avancées ces dernières années dans les recherches sur l'ESPT. Deux collègues du centre de traitement The Meadows de Wickenburg en Arizona, les docteurs Bessel van der Kolk et Steven Levine, sont des pionniers du domaine et ont fait des recherches de pointe innovantes sur cette condition ; les docteurs Shelley Ulram, Claudia Black et Pat Carnes ont mis au point de nouvelles approches pour alléger la souffrance causée par l'ESPT. On comprend maintenant qu'il suffit d'une seule expérience effroyable, vécue dans une situation où l'on est vulnérable – durant la guerre, en cas d'abus, de conflits relationnels –, pour que le trouble se manifeste.

La cessation de la sexualité débridée du schéma romantique est souvent très traumatisante pour les deux partenaires. Quand le partenaire rejeté chez qui se produit la « brèche sexuelle » répond « Rien » si l'autre lui demande ce qui ne va pas, cela cache la colère qu'il ressent de s'être vu refuser le plaisir intense de la sexualité. S'il continue de réprimer cette colère, celle-ci finira par s'exprimer à travers des comportements passifs-agressifs visant le partenaire dont la testostérone a diminué. Ces comportements, qui se veulent punitifs, vont de la simple indélicatesse (arriver systématiquement en retard aux repas que l'autre a préparés, refuser de les manger) aux actes de pure malice (détruire ou égarer un objet que l'autre aime ou qui a pour lui une valeur sentimentale). Quelle que soit la gravité de la blessure qu'ils infligent, ces comportements sont très destructeurs tant physiquement qu'émotionnellement, car ils atteignent la personne droit au cœur.

Une personne en état de stress post-traumatique a vécu une expérience douloureuse qui s'inscrit dans l'amygdale cérébelleuse, partie du cerveau responsable des émotions et de la motivation. L'expression du choc éprouvé lors de l'événement traumatisant reste figée dans le corps tout comme l'expression émotionnelle de l'incident reste figée dans le passé. Lorsqu'une situation ou un événement similaire évoque le traumatisme passé, cela déclenche l'expérience traumatique originelle. (Nous verrons au chapitre 8 comment on peut guérir ce genre de traumatisme de manière naturelle en se basant sur les méthodes et l'expérience du docteur Levine.)

L'état de stress post-romantique, ou ESPR, se manifeste au sein des couples quand le gène amoureux cesse de s'exprimer et que l'étape initiale de la romance, marquée par une sexualité effrénée, arrive à son inévitable conclusion. L'ESPR est souvent la résultante de l'ESPT. Au début de leur mariage, Bill et Sue se sont bêtement querellés pour une histoire de conduite automobile. Sue n'a jamais été très bonne conductrice, un petit travers que Bill trouvait très attendrissant au début de leur fréquentation, mais qui, au fil du temps, s'est mis à lui taper de plus en plus sur les nerfs. Il avait l'habitude de tolérer en silence les erreurs que sa compagne commettait au volant, jusqu'au jour où celle-ci raya le pare-chocs de sa voiture en frôlant de trop près la bordure d'un trottoir. Ce fut la goutte qui fit déborder le vase. Bill péta les plombs et se mit à engueuler son épouse. C'était la première fois qu'il se comportait ainsi avec elle – les manifestations de rage sont plutôt rares dans la période exaltante du schéma romantique. Cette querelle eut pour effet de diminuer l'intensité, dans l'organisme de chacun, de la molécule de l'amour (le combo phényléthylamine/dopamine) qui, dans leur cas, avait persisté bien au-delà des dix-huit mois que dure normalement l'euphorie initiale dans la plupart des couples.

À la suite de cette première dispute, les événements s'enchaînèrent, tous les deux commettant des gestes qui firent boule de neige et devinrent par la suite une véritable avalanche de méchanceté et de mauvaise volonté. Sue déclencha d'abord les hostilités en se refusant sexuellement à Bill pour la première fois; la rage qu'il avait manifestée à son endroit l'avait énormément blessée, aussi était-il normal qu'elle n'ait aucune envie de faire l'amour avec lui. Bill ne fit pas le lien entre son comportement blessant et la réaction de sa partenaire, par conséquent il prit très mal la chose. Furieux et blessé dans son orgueil, il partit se réfugier dans la chambre d'amis. Sue avait typiquement un taux de testostérone très bas; Bill, à l'opposé, avait une libido très forte. Bien que l'état de stress post-romantique ne s'installe généralement pas d'un seul coup au sein d'un couple, une brèche sexuelle initiale comme celle que Bill et Sue ont vécue peut mener progressivement à une divergence quant au besoin sexuel, divergence qui peut finir par s'imposer comme un *statu quo*. De nombreux thérapeutes de couple estiment que cette « divergence du désir sexuel » est la cause première de la plupart des conflits conjugaux, ainsi que de quantité de divorces. À mon avis, on pourrait facilement réduire le taux de divorce de 15 pour cent si les couples travaillaient à régler ce problème au lieu de baisser les bras. Trop de gens mettent fin à une relation ou à un mariage avec un excellent partenaire, alors qu'avec un peu d'aide, ils auraient pu éviter cette issue tragique.

Outre le fait que Sue refusait à Bill ses faveurs sexuelles, l'épisode du pare-chocs abîmé donna lieu à d'autres comportements qui indiquaient hors de tout doute que la période d'euphorie amoureuse entre eux était bel et bien terminée. Bill décida qu'il jouerait au golf tous les samedis et dimanches – au plus fort de leur fréquentation, il avait toujours réservé à Sue son dimanche; c'était « leur » journée. Sue, de son côté, reprit le cours de sa vie sociale, sortant avec ses copines quand bon lui semblait, y compris les mercredis, qui étaient pour elle et ses amies une « soirée de filles ». Au début de son idylle avec Bill, elle avait abandonné ces activités en même temps que son cercle social.

Bill et Sue continuèrent d'avoir de temps à autre des ébats sexuels d'une intensité égale à ce qu'ils avaient connu au début de leur relation. La querelle du pare-chocs était une fissure irréparable qui avait irrémédiablement changé leur vie sexuelle, mais qui n'était pas allé jusqu'à les pousser à dissoudre leur union. L'essentiel de la magie qu'ils avaient ressentie dans les premiers temps s'était tout de même dissipé. Bill m'a raconté qu'à partir du moment où leur frénésie amoureuse s'est estompée, leurs conversations sont devenues plus contrôlées, moins agréables et spontanées. Ils avaient tous deux remarqué qu'ils étaient moins excités lorsqu'ils faisaient l'amour et que parfois, ils ressentaient ensuite une vague déception. D'autres choses ont également changé dans leur relation. L'un comme l'autre avait parfois l'impression d'étouffer et donc, ils avaient besoin de plus d'espace pour respirer, pour vivre leur propre vie ; ils avaient envie de retrouver un peu de cette spontanéité qu'ils avaient perdue. À l'époque où ils se trouvaient dans leur transe romantique, Bill et Sue changeaient souvent leur horaire de travail en fonction de l'autre, allant même jusqu'à s'accorder des congés de maladie pour être ensemble. Non mais, pensez-y une seconde : on ne ferait vraiment pas grand-chose si le sexe passionné et dément du schéma romantique durait indéfiniment !

Au fur et à mesure que la phase d'extase amoureuse diminue, chaque partenaire doit reprendre le cours de sa vie normale. C'est une progression saine et naturelle. Tous les nouveaux couples délaissent leur travail, leurs amis et leurs rituels durant la phase amoureuse la plus intense. Plus tard dans la relation – ou après le mariage – les conjoints ressentent le désir et le besoin de renouer avec le cercle de leurs amis et connaissances, ce qui n'est malheureusement pas toujours possible – par exemple, lorsqu'un des partenaires n'aime pas les amis de l'autre, ou le conjoint de telle ou telle amie, ces prises de position ne sont pas toujours faciles à négocier.

Au cours de la phase romantique de leur relation, Bill et Sue n'avaient jamais abordé le problème des règles conscientes et inconscientes héritées de leur famille d'origine respective. Ils ne s'étaient jamais attaqués aux traumatismes issus de leur enfance, et n'étaient pas conscients du fait qu'ils entretenaient des besoins développementaux carencés. Par bonheur, Bill et Sue feraient finalement le travail que je décrirai dans la deuxième partie du livre, ce qui leur permit d'en arriver à un bon équilibre relationnel et à une vie sexuelle satisfaisante. Vingt ans plus tard, ils sont toujours ensemble et s'aiment d'un amour qui ne cesse de s'approfondir.

Le problème que j'ai vu revenir le plus souvent depuis le début de ma carrière de thérapeute conjugal est celui de la divergence du besoin sexuel. L'intensité sexuelle est telle durant le schéma romantique que même les gens qui ont normalement un niveau de testostérone très bas deviennent soudain dotés d'un fort appétit sexuel. Nombreuses sont les femmes qui m'ont confié, dans le cadre d'une thérapie, que leur libido n'avait jamais été aussi forte qu'elle l'était avec leur nouveau partenaire. Pendant cette phase initiale de désir exacerbé, les personnes qui n'aiment habituellement pas être touchées ont tout le temps envie que leur amoureux ou amoureuse les touche, les embrasse, les prenne dans ses bras. Lorsque ces désirs intenses disparaissent, les deux partenaires s'en trouvent complètement déconcertés. Il est très facile de penser que l'on n'aime plus l'autre après des mois de sexualité intense et débridée, la « passion sexuelle » s'atténuant soudain.

Ainsi que nous l'avons vu aux chapitres 1 et 2, dans notre culture, on ne fait pas la différence entre l'amour et le désir sexuel – à cause des mythes véhiculés dans les films, histoires d'amour et contes de fées. Nous croyons que le désir doit nécessairement mener à l'amour et que l'amour doit obligatoirement entretenir le désir, alors que dans les faits, notre corps ne fonctionne pas comme cela. Le schéma romantique et l'intense désir sexuel qui l'accompagne ne durent en réalité que de douze à dix-huit mois, après quoi le niveau de testostérone de chaque partenaire revient à ce qu'il était avant cette période d'exaltation.

J'ai traité de nombreux individus qui disaient être encore amoureux d'un ancien partenaire qui avait rompu avec eux – ou avec qui ils avaient rompu – durant la phase euphorique de la relation. À la fin du schéma romantique, les partenaires qui sont dotés d'un bon équilibre psychique savent qu'ils devront travailler pour maintenir un certain niveau de passion sexuelle dans leur couple. Ceux qui sont moins équilibrés, par contre, peuvent avoir du mal à s'affranchir de l'enivrant cocktail hormonal PEA-dopamine, ce qui les poussera bien souvent à extérioriser des comportements inappropriés

– certains développeront par exemple une obsession envers un ex-conjoint ou ex-partenaire. L'individu qui est en couple, mais qui est toujours épris d'une ancienne flamme, maintiendra le *statu quo* s'il a un ego solide et s'il éprouve à l'égard de sa ou son partenaire actuel un fort sentiment d'attachement. Toutefois, au fil du temps, les émotions non résolues – ressentiment, colère, etc. – issues de cet amour passé, en plus des besoins développementaux carencés, viendront miner sa relation actuelle.

S'il ne sollicite pas une aide professionnelle, l'individu persistera dans sa relation malheureuse, s'évadant dans la pratique obsessive d'une quelconque activité ou en triangulant avec une autre personne. « Trianguler » signifie tourner son intérêt vers une activité ou une autre personne dans le but d'atténuer l'impact du conflit irrésolu que l'on vit dans son couple. Un parent se concentrera, par exemple, sur la vie et les activités de ses enfants au détriment de sa relation avec son conjoint. D'autres délaisseront leur couple en passant de plus en plus d'heures au boulot. Nombreux sont les maris qui, à l'instar de Bill, « triangulent » en passant leurs week-ends à jouer au golf ou en consacrant tous leurs temps libres à la pratique d'une autre activité. D'autres se tourneront plutôt vers la religion et les activités paroissiales. Il est également possible que le partenaire insatisfait se mette à boire à outrance, développe une obsession pour la masturbation ou se prenne un amant ou une maîtresse. Les aventures extraconjugales, surtout celles de longue durée, ont pour effet de réactiver le schéma romantique ; elles donnent à la personne l'impression qu'elle tombe de nouveau amoureuse, mais elles témoignent en réalité de son manque de maturité et de son incapacité à se délester de son bagage émotionnel – notamment ses besoins développementaux carencés, phénomène dont nous reparlerons plus en détail au chapitre 8. Les couples qui ne travaillent pas à solidifier et à enrichir leur relation se dégradent peu à peu jusqu'à devenir, dans le pire des cas, rien de plus que deux personnes vivant ensemble par peur de se retrouver seules.

Mes années d'études en psychologie et de pratique en tant que thérapeute m'ont amené à considérer l'état de stress post-romantique comme un des aspects les plus risqués et les plus dangereux de l'amour. Au chapitre 5, je vous parlerai des manifestations les plus sombres de L'ESPR : harcèlement criminel, violence domestique pouvant aller jusqu'au meurtre, suicides commis « par amour », détresse émotionnelle, et ainsi de suite. La détresse que cause l'ESPR est si intense que seule la mort, parfois, peut l'apaiser. Bien des gens préfèrent se donner la mort ou tuer leur partenaire (certains font même parfois les deux) plutôt que de continuer à ressentir cette souffrance extrême.

La « gueule de bois » de l'amour

Si l'amour est un martini, alors l'état de stress post-romantique est la gueule de bois qui nous tombe dessus douze à dix-huit mois après le début de la relation, le supplice de souffrances et de nausées succédant aux hautes voluptés du plus grisant élixir sexuel. Il peut s'avérer extrêmement traumatisant de passer ainsi du jour au lendemain d'un fastueux *penthouse* s'ouvrant sur un vaste panorama de plaisirs aux donjons les plus lugubres du dénuement amoureux. Et à l'instar du toxicomane en manque, l'amoureux sevré d'extases sexuelles cherchera à retrouver les hauts niveaux de testostérone dont il jouissait durant la phase romantique de sa relation.

Les partenaires qui sont en ESPR, et qui ont un taux de testostérone élevé et ne veulent pas quitter ou tromper l'être cher, se tournent bien souvent vers la masturbation, la pornographie et le cybersexe pour combler leur manque. Bon nombre d'entre eux étaient déjà accros à l'amour et au sexe avant de rencontrer leur partenaire actuel. Or, une fois l'euphorie amoureuse du schéma romantique dissipée, ils sont portés à renouer avec divers comportements de dépendance – téléphone rose, salons de massage, cybersexe, liaisons de passage, etc. La personne dépendante au sexe et à l'amour se reconnaît aisément en ce qu'elle entretient des relations sexuelles frivoles avec des partenaires multiples.

Sarah et Juda : un sabotage sexuel

J'ai traité un couple qui était marié depuis six ans et qui ne manifestait publiquement aucun signe apparent de dysfonction. Il y avait cependant dans leur couple un problème sous-jacent : Juda avait une libido particulièrement forte, alors que de son côté, Sarah présentait un niveau de testostérone très bas et n'avait donc presque jamais envie de sexe. Juda me disait souvent qu'à l'époque où ils avaient commencé à se fréquenter, leurs relations sexuelles étaient excellentes.

La première fois qu'ils sont venus me consulter, Sarah a déclaré d'entrée de jeu que le principal problème dans leur couple, c'était que Juda était accro à Internet. Il passait chaque seconde de ses temps libres en ligne, disait-elle. Curieuse de savoir ce qu'il pouvait faire durant toutes ces heures, elle avait vérifié son historique et découvert qu'il avait créé des profils personnels sur plusieurs sites de rencontres. Lorsqu'elle l'avait confronté, Juda avait minimisé l'importance de la chose, disant qu'il faisait simplement cela pour se distraire parce qu'il se sentait déprimé. « Il n'y a rien de vrai là-dedans, lui avait-il expliqué. C'est un jeu, rien de plus. » Sarah ne l'avait bien sûr pas cru, et elle m'a dit que depuis ce moment, leur relation n'avait cessé de se détériorer. « Il ne m'attire plus, m'a-t-elle avoué, et moi je ne me sens plus attirante à ses yeux. » Cette dernière remarque dénote un phénomène qui survient fréquemment dans un couple lorsque l'un des partenaires pratique l'autoérotisme de manière obsessionnelle : plus le conjoint qui s'adonne à cette pratique (c'est généralement l'homme) se referme sur lui-même, utilisant la masturbation pour pallier ses problèmes d'ESPR, et moins l'autre conjoint se sent attirant sexuellement. S'enfonçant de plus en plus profondément dans son comportement, le partenaire obsédé par l'autoérotisme en vient à ne plus jamais vouloir faire l'amour avec sa conjointe, pas même les jours qui sont marqués par une « occasion spéciale » – anniversaire de mariage ou de naissance, Saint-Valentin, etc. Ce cruel abandon porte un terrible coup à l'amour-propre de la personne délaissée.

Sarah et Juda ne parviendraient malheureusement pas à surmonter cet écueil. Un an après qu'ils sont venus me voir pour me demander conseil, Sarah a demandé le divorce. C'était un autre exemple d'un mariage tout à fait convenable qui aurait pu être sauvé si les deux partenaires s'étaient montrés plus coopératifs lors de la thérapie. Leurs trois enfants, qui étaient tous âgés de moins de six ans, paieraient le prix de leur échec – un fait que je leur ai très clairement expliqué.

Nous avons tous probablement été rejetés, à un moment ou à un autre de notre vie, par une personne dont nous étions amoureux. Ce genre de rebuffade fait toujours mal et peut même nous amener à douter de nous-mêmes et de notre valeur. J'ai déjà vécu cela, et je peux vous dire que c'est le genre de connaissance expérientielle qu'on n'a envie de vivre qu'une fois.

En faisant état des substances chimiques puissantes qui accompagnent en nous l'état amoureux, les recherches d'Helen Fisher nous aident à mieux comprendre le degré de dysfonction que l'ESPR peut causer. Au chapitre 5, nous nous pencherons sur certains des comportements les plus dommageables que l'on peut manifester lorsque l'on est en état de stress post-romantique.

Les quatre degrés d'ESPR

L'état de stress post-romantique présente plusieurs degrés d'intensité et peut donner lieu à de nombreux comportements différents. Le premier degré fait son apparition lorsque cesse la période de sexualité intense qui marque la première phase de la relation amoureuse. Le second degré survient généralement après le mariage, se manifestant au cours de violentes disputes et de conflits sans issue. Cela mène à un troisième degré où l'amour des partenaires n'est plus réciproque, puis à un quatrième, qui se solde par une rupture ou un divorce. Ce dernier degré est la plupart du temps accompagné de comportements violents pouvant aller du harcèlement criminel jusqu'au suicide ou au meurtre. Nous explorerons maintenant plus en détail ces différents degrés d'intensité.

Premier degré d'ESPR

Le premier degré se définit par la honte ressentie lorsque la transse amoureuse est rompue par le partenaire qui voit son désir sexuel diminuer. À ce stade, l'un des partenaires cherche généralement à divorcer ou à mettre fin à la relation, ce qui donne lieu chez l'autre à un sentiment de rejet.

Deuxième degré d'ESPR

Lorsque des partenaires qui ont vécu une brèche sexuelle décident de se marier sans avoir d'abord fait quoi que ce soit pour approfondir leur schéma d'attachement, il se peut très bien que leur union se détériore et devienne régie par des règles inconscientes qui les conduiront à ne plus ressentir quoi que ce soit et à ne plus communiquer. Plutôt que de résoudre leurs conflits par la voie de la raison, les partenaires se critiquent, se rabaissent et se jugent mutuellement, ce qui les incite à rester constamment sur la défensive. Une telle attitude crée une distance entre eux et peut même engendrer des réactions comme le « dégoût olfactif », phénomène dont nous reparlerons plus en détail aux chapitres 6 et 9. À ce stade, les partenaires s'efforcent bien souvent de projeter vers l'extérieur l'image d'un couple uni et amoureux ; à la maison cependant, chacun cherchera à éviter l'intimité en se repliant sur lui-même, ou se distanciera de l'autre en boudant, en piquant des crises ou des colères, ou par divers autres comportements enfantins. La vie sexuelle du couple se détériore, et certains s'abstiennent de faire l'amour ensemble pendant de longues périodes de temps. Les partenaires s'avèrent incapables de faire de leur relation conjugale une ressource qui permet à chacun d'améliorer son image et son estime de soi.

Troisième degré d'ESPR

Les partenaires s'éloignent de plus en plus l'un de l'autre. Les moments d'intimité et les contacts réels se font de plus en plus rares. On observe souvent à ce stade une forte propension vers l'autoérotisme, c'est-à-dire que l'un des partenaires (généralement l'homme) se masturbera de façon chronique avec ou sans pornographie – magazines, Internet, cybersexe. Le partenaire affecté peut développer une dépendance au sexe et se mettre à fréquenter les sites pornographiques sur Internet, les lignes de sexe téléphonique (téléphone rose) ou les salons de massage. À ce niveau d'intensité, il n'est pas rare de voir les partenaires multiplier les aventures amoureuses.

Lorsqu'un des partenaires devient accro au sexe, l'autre tombe généralement en état de codépendance, ce qui l'incitera à avoir lui aussi une aventure sexuelle. À ce point-ci, les partenaires vivent une relation malheureuse et ennuyeuse, et ne font plus que très rarement l'amour ensemble. Le film *Tous les espoirs sont permis* présente un couple qui affiche, sous forme bénigne, tous les symptômes du troisième degré d'intensité de l'état de stress post-romantique. Dans cette production hollywoodienne mettant en vedette Tommy Lee Jones et Meryl Streep, le couple en question amorce une thérapie après avoir passé cinq années à vivre comme des colocataires, sans jamais faire l'amour ensemble. (Je commenterai davantage ce film dans l'introduction de la deuxième partie du livre.) Cinq ans, cela peut sembler une éternité, mais il y a parmi les clients que j'ai traités des couples qui ont connu une abstinence beaucoup plus longue que cela !

Quatrième degré d'ESPR

Ce dernier degré concerne surtout le partenaire rejeté : prisonnier du schéma romantique, celui-ci refuse d'accepter que son mariage ou son histoire d'amour soit terminé, et nourrisse envers l'autre une obsession remplie de rage qui embrouille son esprit, exacerbe ses émotions et le pousse à faire de très mauvais choix. J'ai traité bien des gens qui étaient paralysés par l'amour et le désir qu'ils éprouvaient encore pour leur ancien partenaire. Il y avait cet homme qui, cinq ans après sa séparation, était toujours obsédé par son ex-épouse. Puis cette femme qui n'était plus fonctionnelle depuis que son amant l'avait laissée plusieurs années auparavant ; elle refusait de rencontrer d'autres personnes et de reprendre le cours d'une vie normale. Ce niveau d'ESPR peut donner lieu à des comportements de jalousie maladive, de harcèlement criminel et de violence physique ou psychologique, et il aboutit parfois au meurtre ou au suicide d'un des partenaires. Les individus qui demeurent coincés dans la pulsion instinctuelle du schéma romantique, dans cette grisante impression qu'ils sont amoureux, font une fixation sur cette amoureuse ou cet amoureux perdu que le destin leur avait envoyé et qui leur appartenait en propre. Ils affichent alors des comportements par lesquels ils espèrent se réapproprier la personne aimée. Ils peuvent par exemple l'épier ou la suivre en secret, et lorsqu'ils sont frustrés, la soumettre à des violences physiques. En désespoir de cause, ils peuvent aller jusqu'à la tuer, dans certains cas en se donnant eux-mêmes la mort ensuite.

Au chapitre suivant, je présenterai des exemples – certains réels, d'autres fictifs – qui viendront illustrer les différents degrés de l'état de stress post-romantique.

Chapitre 5

Le côté sombre de l'ESPR

La séparation est tout ce que nous avons à connaître de l'enfer.

– Emily Dickinson

Tout comme le meilleur vin donne le vinaigre le plus acidulé, l'amour le plus profond se change parfois en la plus vengeresse des haines.

– John Lyly, *Euphues, ou l'Anatomie de l'esprit* (1579)

Le cas de Tom et d'Alice, que j'ai évoqué dans les chapitres précédents, a réussi à me convaincre de la puissance dévastatrice de l'état de stress post-romantique. Les six semaines qui avaient suivi la rupture avaient été atroces pour Tom – j'ai même cru, à un moment, que j'allais devoir l'hospitaliser parce que je craignais qu'il ne se suicide. Après le choc initial du rejet qu'Alice lui avait fait subir, il avait vécu pendant un an dans un état dépressif. Certains ont dit que les traumatismes sont comme des « états de deuil figés dans le temps » ; or, nous savons maintenant que chaque personne vit le deuil différemment et que sa durée n'est pas la même pour tout le monde.

Tom avait été abandonné par son père à l'âge de trois ans, aussi le rejet éveillait-il en lui un sentiment de honte tout en le plaçant dans un état d'hyper-vigilance. S'il n'avait pas fait de thérapie pour guérir les blessures non résolues issues de son enfance, il aurait pu manifester, après qu'Alice l'a laissé, des comportements extrêmement destructeurs – la surveiller, la traquer, lui faire subir une violence physique ou psychologique, se venger en s'en prenant à elle et à son nouveau mari, voire la tuer avant de se donner lui-même la mort.

Tom connaissait la meilleure amie d'Alice. Or, au début il l'appelait tous les jours pour demander des nouvelles de celle-ci et savoir ce qu'elle faisait. Tout doucement, je l'ai persuadé de ne plus contacter cette personne, lui faisant comprendre que ces appels répétés et obsessifs constituaient une forme de harcèlement.

Les individus qui n'ont pas fait un travail sur eux-mêmes pour régler les traumatismes qu'ils ont vécus dans l'enfance – je parlerais de « l'enfant blessé en eux » ; James Hollis ferait référence aux « fantômes du passé » – ont moins de chance que les autres de passer à travers une période de stress post-romantique, à moins bien sûr qu'ils ne consentent à entreprendre le genre de démarche que je décris dans la deuxième partie du livre, au chapitre 8. Il s'agit essentiellement d'un processus de deuil, qui s'intéresse à ce que j'appelle « la blessure originelle ».

Bien des gens traversent malheureusement la vie dans un état de semi-inconscience où ils se disent que le passé n'a pas d'impact sur le présent, que ce qui est fait est fait. « J'ai eu une enfance malheureuse, mais j'y ai survécu. » Voilà le genre de discours qu'ils tiennent. Et forts de cette croyance, ils vont de l'avant, fermés aux blessures inconscientes qui déforment ou détruisent leur vie en même temps que la vie de ceux qui les entourent.

Un frisson dans la nuit

Le film de Clint Eastwood *Un frisson dans la nuit* relate les différentes étapes d'une obsession qui tourne au harcèlement et se fait de plus en plus dangereuse. Eastwood joue dans son propre film un animateur à la radio, très séduisant bien entendu, sur qui des gens meurtris projettent leur colère, leur solitude et leur ressentiment. Les hommes et les femmes qui sont imbus d'une certaine beauté, et particulièrement ceux qui sont des personnalités connues du public, sont souvent la cible de nos fantasmes sexuels. Nous avons déjà parlé du fait que le philtre amoureux PEA-dopamine gagne en puissance lorsqu'il y a adversité, danger, risque ou éloignement géographique. Or, les individus qui sont en état de déséquilibre mental ou émotionnel, et qui n'ont pas une perception cohérente d'eux-mêmes, essaient parfois de « se compléter » en imaginant qu'ils ont une aventure amoureuse avec telle ou telle personnalité importante qui exerce sur eux une fascination morbide.

Dans *Un frisson dans la nuit*, une femme nommée Evelyn (jouée par Jessica Walter) guette l'arrivée de Dave (le personnage d'Eastwood) dans un bar qu'il fréquente. Lorsque Dave apparaît, elle lui dit qu'elle est venue spécialement pour le rencontrer. Elle est très *sexy* et cette nuit-là, elle le séduit. À partir de ce moment, elle se met à surgir ici et là dans sa vie, et la plupart du temps, lorsqu'il s'y attend le moins. Le film montre bien de quelle façon évolue l'obsession d'Evelyn, et comment Dave jette de l'huile sur le feu en succombant à ses avances. Sous nos yeux, le mystère *sexy* de l'Evelyn du début tourne peu à peu au cauchemar.

Au cours de l'histoire, Dave renoue avec une ancienne flamme, ce qui rend Evelyn folle de jalousie. Elle se met à traquer le couple, affichant à leur endroit un comportement de plus en plus nocif. Evelyn est instable émotionnellement ; on pourrait même dire que son cas relève de la maladie mentale. Voulant à tout prix que Dave lui appartienne, elle vandalise son domicile, essaie d'assassiner sa femme de ménage, feint de se donner la mort dans son appartement. À la fin, elle tente de tuer Dave et son amoureuse.

Un frisson dans la nuit fait le récit d'une histoire d'amour toxique qui, contrairement aux histoires d'amour que j'ai mentionnées au chapitre 1, plonge ses protagonistes dans un délire d'ESPR. Avant de vous donner des exemples de comportements violents tels que je les ai observés chez des individus que j'ai connus ou traités, je voudrais examiner avec vous une caractéristique très particulière de l'état amoureux, et qui est selon moi à l'origine de ces comportements inquiétants.

La colère, la rage et le rejet

Dans un poème intitulé *Pent-Up Aching Rivers* (Des rivières réprimées et douloureuses), Walt Whitman évoque le potentiel maléfique de l'état amoureux :

Je t'aime, Ô toi qui me possèdes entièrement,
Toi et moi nous évadant de tout et partant loin
À la dérive, libres et sans loi.

Ce poème exprime notre désir de vivre une « exclusivité absolue » avec la personne que nous aimons. Lorsqu'ils sont en état de « transe amoureuse », les amants sont convaincus qu'ils sont faits l'un pour l'autre : chacun a le sentiment de posséder l'autre et, en retour, de lui appartenir. Ils sont jaloux quand l'autre regarde ou parle à une personne du sexe opposé. Ils sont persuadés que c'est le destin ou une force suprême (Dieu) qui les a réunis. Des amoureux ne s'intéressent qu'à une chose : être ensemble. Être *seuls* ensemble.

Pas étonnant en pareilles circonstances que le partenaire à testostérone élevée se sente trahi et abandonné quand le partenaire à testostérone basse se désengage sexuellement. Si les partenaires à haut niveau de testostérone ne réagissent pas tous ainsi, c'est généralement le cas de ceux qui présentent des besoins développementaux carencés, qui ont vécu des traumatismes ou qui ont l'habitude de se culpabiliser et de se dénigrer. Même les individus psychologiquement équilibrés peuvent éprouver un sentiment de deuil intense à la suite d'une rupture amoureuse – après tout, n'ont-ils pas « tout donné » à leur partenaire ? « Elle sait tout de moi, m'a dit un jour un client au sujet de la femme qui l'avait laissé. Je lui disais tout, sans jamais rien cacher. » Un autre disait que depuis qu'il s'était séparé, il se sentait nu et sans défense.

Cela décrit assez bien comment on se sent lorsqu'on vit un traumatisme : on se sent impuissant, honteux et sans défense. Quand cette honte s'allie à l'absolue certitude que la personne qui nous a laissés nous appartient en propre, on obtient un terreau fertile aux comportements obsessionnels de toutes sortes.

Lorsque la phase de sexualité intense se résorbe au sein d'un couple, la chimie cérébrale du partenaire rejeté s'en trouve altérée, ce qui explique en partie pourquoi il ressent une telle rage, une telle colère. Or, la colère est une émotion qui nous pousse à l'action. En cas de séparation ou de divorce (et tout particulièrement lorsqu'il s'agit d'une mère ayant un ou plusieurs enfants), la colère aide la personne à réintégrer la vie sociale dans le but de se trouver un ou une autre partenaire.

Se suicider par amour : le cas de Maureen

Les comportements obsessionnels de harcèlement ou de traque furtive, qui semblent au départ s'exprimer sous une forme moins violente, peuvent s'intensifier au point où l'amoureux éconduit s'en prend à la personne aimée ou se fait lui-même violence. Une de mes anciennes clientes, appelons-la Maureen, était le portrait tout craché d'Elizabeth Taylor. Elle a complètement perdu la tête quand Mark, son amant, l'a quittée pour renouer avec une ancienne copine du nom de Maybell. Furieuse, elle s'est mise à harceler cette rivale en la mitraillant de coups de fil anonymes à toute heure du jour et de la nuit, raccrochant aussitôt qu'elle répondait. Voyant la passion des deux tourtereaux s'épanouir au fil des jours, Maureen devint de plus en plus désespérée. À plus d'une occasion, elle couvrit la voiture de Maybell de ketchup, allant même une fois jusqu'à crever ses pneus. Quand j'ai compris que je ne pourrais pas inciter Maureen à réprimer ces comportements délinquants, je l'ai référée à un ami psychiatre qui avait déjà traité ce genre de cas. Il l'a immédiatement mise sous médication pour la calmer.

Peu de temps après, mon ami psychiatre m'a appelé pour me dire que Maureen s'était mariée, trois mois seulement après qu'elle a cessé de harceler la copine de son ex ! Un an et demi plus tard, j'ai appris que Maureen souffrait d'obésité : à l'époque où elle était avec Mark, elle ne pesait que 52 kilos ; elle en pesait désormais 170 ! On dut par la suite l'hospitaliser. Elle mourut un an plus tard. Maureen s'était de toute évidence suicidée par amour. Elle avait tout simplement utilisé la nourriture pour arriver à ses fins.

Sid et l'histoire d'un suicide

J'ai eu pendant deux ans un client que je nommerai Sid, et qui était sans contredit l'un des hommes les plus doux que j'aie connus. Il est venu me consulter parce qu'il voulait être hétérosexuel, alors que pour la majeure partie de sa vie il avait été homosexuel. Curieusement, la seule relation décente qu'il ait jamais connue, il était en train de la vivre. Avec une femme. Une femme avec qui il était fiancé. Leur vie sexuelle n'avait rien de mirobolant, néanmoins il leur arrivait de faire l'amour à la satisfaction des deux partenaires. Sid était gai, cela ne faisait aucun doute, mais il n'était pas prêt à sortir du placard. En tant que thérapeute, je savais par expérience qu'il ne faut pas brusquer ce genre de choses. Trop de gens, y compris certains groupes religieux, ne sont que trop heureux d'orienter des hommes comme Sid vers l'hétérosexualité, souvent par la force, tout en les jugeant et en les méprisant.

Sid sortait souvent la nuit dans des bars gais, du type où on offre aux clients des films pornos dans des isoloirs dans lesquels ils se font des fellations à travers des trous dans les murs – pas de panique, les hétérosexuels ont eux aussi leurs propres variantes de ce genre d'établissement. Un soir en rentrant à la maison après une de ces équipées, Sid m'a appelé. Il pleurait à chaudes larmes et était très déçu de lui-même. Il était évident, au fil de notre discussion, qu'il était prêt à faire des efforts monumentaux pour être hétérosexuel, mais la vérité était que cela allait à l'encontre de l'héritage biologique que la vie lui avait donné. Il avait honte de lui, ce qui n'était pas étonnant considérant que la fréquentation des clubs de sexe entraîne toujours sa part de honte, tant chez les gais que chez les hétéros.

Une nuit, Linda, la fiancée de Sid, l'entendit se lever pour sortir et décida de le suivre en secret. Elle fut à la fois scandalisée et profondément blessée de ce qu'elle vit au club que son amoureux fréquentait, toutefois l'incident nous permit d'attaquer plus ouvertement les problèmes de Sid durant nos séances de thérapie de couple. Bien des femmes auraient mis fin à leur relation après avoir fait une telle découverte, mais Linda aimait Sid d'un amour inconditionnel, aussi était-elle prête à fournir les efforts nécessaires pour faire fonctionner leur couple, en dépit des inévitables obstacles qui se dresseraient devant eux. Elle lui offrait sa compréhension, en échange de laquelle elle voulait qu'il soit honnête et communicatif avec elle. Linda passa avec son fiancé le contrat suivant : s'il se laissait aller à ses pulsions en cachette, sans s'ouvrir à elle, alors elle romprait avec lui. Cela me paraissait raisonnable, d'autant plus que Sid faisait des progrès intéressants au cours de ses séances avec moi.

Un jour, Linda m'appela pour m'annoncer une terrible nouvelle : Sid s'était suicidé. Elle l'avait confronté au retour d'une de ses sorties, et quelques heures plus tard, il s'était enfermé dans le garage et s'était tiré une balle dans la tête. Pendant toutes mes années de pratique en tant que thérapeute, il ne m'a jamais été donné de voir une personne homosexuelle devenir hétérosexuelle. De toute évidence, Sid était en conflit avec sa propre sexualité. Il avait du mal à accepter ses pulsions et avait honte de ses comportements homosexuels, mais il était incapable d'arrêter. Il pensait avoir besoin de l'amour de Linda pour survivre, mais comme il ne pouvait honorer l'entente qu'elle lui avait proposée, il avait préféré mourir plutôt que de vivre sans elle.

Un géologue meurtrier

L'une des expériences les plus étranges qu'il m'ait été donné de vivre remonte à 1979, à une époque où j'étais directeur des ressources humaines d'une compagnie pétrolière. Un jour, mon employeur m'a envoyé un géologue qu'il songeait à embaucher afin que je l'évalue. La firme pour laquelle je travaillais imposait un système d'évaluation très rigoureux auquel étaient soumis les employés potentiels, et plus particulièrement ceux qui étaient destinés au département de géologie. Gilbert, le géologue en question, a passé nos tests haut la main ; ses connaissances scientifiques étaient irréprochables. Je le trouvais un peu tendu émotionnellement, mais attribuai ce fait à son tempérament latin. En fin de compte, il fut embauché.

Peu après l'arrivée de Gilbert, notre PDG, le docteur Bosarge, mit sur pied un programme de conseil permettant aux employés qui avaient besoin d'une aide psychologique de bénéficier d'un certain nombre de séances privées avec moi.

Gilbert fut de ceux qui sont venus me voir. Il voulait me parler de Priscilla, la femme avec qui il vivait. Il l'avait rencontrée alors qu'elle avait dix-sept ans et lui, quarante-deux. Il était tout de suite tombé amoureux fou d'elle, mais de son côté, Priscilla avait mis du temps à partager ses sentiments. Lorsque Priscilla eut dix-neuf ans, Gilbert lui annonça qu'il souhaitait vivre avec elle. Au moment de notre première séance, le couple avait embrassé la vie commune depuis douze ans déjà. Or, Priscilla voulait maintenant se séparer de ce conjoint de longue date.

Gilbert avait d'abord insisté pour que nous fassions cette première séance en présence des deux partenaires, mais j'avais fini par le convaincre de la nécessité de m'entretenir aussi en privé avec Priscilla. D'entrée de jeu, il me parut clair que cette jeune femme avait grandi depuis le début de sa relation avec Gilbert, et qu'elle avait compris que le monde était beaucoup plus vaste que cette existence cloîtrée dans laquelle il la tenait prisonnière. Priscilla avait permis à Gilbert de contrôler sa vie, si bien qu'elle vivait désormais sous son emprise : en toutes circonstances, il lui disait quoi faire et quoi penser.

Chaque matin, Gilbert laissait à Priscilla des instructions détaillées stipulant ce qu'elle devait faire durant la journée. En plus de lui confier la responsabilité des courses, des repas et des tâches ménagères, il exigeait d'elle qu'elle soit prête à avoir des relations sexuelles avec lui chaque fois qu'il en aurait envie, ce qui arrivait généralement deux fois par jour. Il rentrait souvent à la maison à l'heure du lunch pour qu'elle lui fasse une fellation, l'ayant même convaincue de la valeur nutritive de son sperme. Chaque soir dès 20 h, elle devait être douchée, parfumée et prête à lui accorder les deux heures de sexe qu'il requérait. Priscilla m'a confié qu'elle tirait rarement satisfaction de ces échanges et qu'elle en était même venue à les considérer avec répulsion.

Lors de notre seconde séance, j'ai clairement perçu ce besoin qu'avait Gilbert de contrôler tous les aspects de la vie de sa conjointe – il lui avait par exemple ordonné de retourner deux blouses qu'elle avait achetées, sous prétexte qu'elles étaient trop *sexy*. Durant notre troisième séance, Gilbert perdit complètement les pédales lorsque Priscilla exprima le désir d'aller dans son pays natal pour visiter sa famille et ses amis. Je jugeai le comportement de Gilbert si bizarre que je demandai à mon PDG la permission de l'interner pendant soixante-douze heures, dans le but de le garder en observation.

Lors de mon entretien suivant avec elle, Priscilla me livra ses vrais sentiments. Il était manifeste qu'elle se trouvait en situation de codépendance : d'une part, elle avait peur de Gilbert, et d'autre part, elle craignait de se retrouver seule face à la vie. Elle a toutefois souligné une fois de plus qu'elle n'aimait plus Gilbert et ne le désirait plus sexuellement.

Deux semaines plus tard, à notre séance suivante, Gilbert tourna sa rage contre moi : il mit mes compétences en doute et jura qu'il allait se trouver un autre thérapeute. J'étais sur le point de partir en voyage pour dix jours à ce moment-là, et donc je l'ai convié à réfléchir à tout cela durant mon absence. Je leur ai également demandé à tous les deux d'éviter tout contact dans l'intervalle, jugeant plus prudent qu'ils ne se voient ni ne se parlent jusqu'à mon retour. Gilbert accepta ce pacte, non sans réticence.

La première chose que je fis en revenant de vacances fut de contacter le département de géologie pour prendre des nouvelles de Gilbert. Je fus estomaqué d'apprendre que cinq jours plus tôt, il avait abattu Priscilla à coups de fusil avant de retourner l'arme contre lui-même. Même si on entend souvent parler de ce genre de drame domestique aux nouvelles, je vous prie de croire que lorsque cela concerne un couple avec qui on est aussi étroitement impliqué que je l'étais avec Gilbert et Priscilla, le coup est affreusement dur à encaisser. Je ne pouvais m'empêcher de penser à Priscilla, à cette fin tragique qu'elle avait connue après douze années passées sous l'esclavage d'un homme. Elle s'était fait voler sa vie.

Si les recherches d'Helen Fisher sur la chimie du cerveau chez les personnes amoureuses m'ont permis de comprendre que le comportement déséquilibré de Gilbert était causé par une surproduction de dopamine et de norépinéphrine alliée à une réduction de la sérotonine, elles ne m'ont pas aidé pour autant à accepter ce qui s'était passé. Chacun de nous a besoin d'un endroit qui est pour lui un refuge, un foyer ; une relation qui est à la fois protectrice et nourricière. Malheureusement, pour certains d'entre nous, ce lieu d'asile est l'endroit le plus dangereux sur la terre.

Dans son livre *In Transition*, Judith Bardwick écrit : « Le mariage et la famille sont les cellules dans lesquelles nous vivons nos expériences les plus intimes et les plus puissantes. La famille, surtout, sollicite notre sentiment d'appartenance : nous attendons d'elle qu'elle nous protège des aléas du destin, qu'elle soit notre refuge et assure notre pérennité à travers une progéniture. Les liens familiaux sont plus passionnés, profonds et violents que les liens d'amitié. Ils sont aussi plus lourds de conséquences. »

Il y a des tas d'exemples de cette forme maligne d'ESPR, dont celui du légendaire footballeur américain O. J. Simpson qui, en 1995, fut acquitté des meurtres de son ex-femme Nicole et de l'ami de celle-ci, Ron Goldman. Du temps où il était marié, le couple Simpson avait connu une relation orageuse, marquée par l'infidélité et la violence domestique, qui s'était terminée en divorce.

Acquitté au criminel, O. J. Simpson serait en fin de compte reconnu coupable, lors d'un procès civil, du meurtre de son ex-épouse et de celui de son ami. Même si Nicole n'était plus sa femme, Simpson, sous l'emprise des substances chimiques propres au schéma romantique, avait continué de la considérer comme sa propriété. Ce cocktail chimique avait déclenché en lui une jalousie irrationnelle, l'amenant à penser que s'il ne pouvait pas avoir Nicole, alors personne d'autre que lui ne l'aurait.

Les individus qui ont une faible estime de soi et sont en proie à une honte toxique peuvent se sentir gravement menacés lorsqu'ils voient que leur amour, ce grand amour qui avait été jusque-là sans failles et fabuleux, échappe soudain à leur contrôle. Ces personnes continuent de ressentir un sentiment de propriété et d'exclusivité envers leur ex, même après un divorce, et même après qu'elles ont engagé une relation avec quelqu'un d'autre.

Les hommes ont davantage tendance que les femmes à traquer, menacer ou harceler la personne qui les a rejetés. Ceux qui sont de tempérament moins violent pourront par exemple subtiliser des bijoux ou des sous-vêtements appartenant à celle qui les a quittés, mais les comportements ne sont pas toujours aussi bénins. À preuve, cet incident survenu au Texas qui démontre bien jusqu'où, en deçà du meurtre, peut aller un amoureux éconduit. Le 25 mars 2014, les lecteurs et lectrices du quotidien *Houston Chronicle* apprirent qu'un individu du nom de Christophe Forkah avait mutilé et décapité le chien de son ex-petite amie. Il avait agressé celle-ci plusieurs fois par le passé, mais elle n'avait jamais rapporté ces incidents à la police. Forkah avait également menacé de la tuer, notamment dans des messages écrits avec son propre sang.

La bataille entre la jalousie et le sentiment d'abandon

Shakespeare a écrit ceci au sujet de la jalousie :

Prenez garde, Monseigneur, à la jalousie,
Ce monstre aux yeux verts qui tourmente la proie
Dont il se nourrit. Ce cocu vit dans la béatitude,
Mais certain d'un sort qui le voit trompé :
Ô, quels instants d'agonie attendent celui
Qui adore, mais se méfie, soupçonne, mais aime à la folie !

(Othello, acte III, scène 3)

Non seulement la jalousie est-elle universelle, mais elle est un impératif biologique commun à tout le règne animal : la surveillance de la partenaire – ce que les scientifiques appellent *mate guarding* en anglais – est un comportement que les mâles ont adopté pour s'assurer qu'ils seraient bel et bien pères de leur progéniture. Il n'est pas nécessairement néfaste de ressentir une jalousie légère, ce qui, dans le pire des cas, rendra le partenaire qui l'éprouve plus attentif à l'autre. Les niveaux de jalousie plus intenses, en revanche, peuvent mener à la violence domestique. La plupart du temps, la jalousie est irrationnelle et infondée.

J'ai traité une femme dont le mari la battait durant l'acte sexuel parce qu'il était persuadé qu'elle fantasmait sur d'autres hommes pendant qu'il lui faisait l'amour. Elle lui avait juré que ce n'était pas le cas, mais rien qu'elle puisse dire n'aurait pu le convaincre du contraire. Même après avoir divorcé d'avec lui, elle ne se sentait pas en sécurité et dut partir s'établir à l'autre bout du pays, à plus de 3000 kilomètres d'où elle habitait, pour avoir enfin l'impression qu'elle échappait à sa rage.

Ce que les hommes craignent le plus, c'est d'être cocus, alors que les femmes, elles, redoutent surtout d'être abandonnées. Si les femmes sont plus aptes à tolérer les histoires d'un soir de leur partenaire, il est plutôt rare qu'elles acceptent passivement que leurs conjoints s'attachent émotionnellement à une autre femme. Helen Fisher voit en ce comportement quelque chose de darwinien : chez l'humain, comme dans le reste du règne animal, la femelle a besoin d'un mâle qui l'aidera à élever ses petits.

Bien que l'on puisse voir la jalousie comme préjudiciable à une relation amoureuse, nombreux sont les psychologues qui croient que cette émotion est l'occasion pour certains partenaires de prouver leur attachement et leur fidélité envers l'autre. Ma propre expérience clinique n'abonde pas en ce sens : chez les clients que j'ai traités au fil de ma carrière, la jalousie s'est toujours imposée comme un facteur négatif; elle n'a jamais motivé l'un ou l'autre des partenaires à améliorer son comportement. Bien au contraire, dans un couple où il y a de la jalousie, les partenaires changent généralement leur comportement uniquement pour manipuler l'autre – même qu'ils sont bien souvent prêts à faire des choses qui leur déplaisent vraiment pour arriver à leurs fins !

Le harcèlement non violent : une expérience personnelle

On entend souvent parler dans les médias des comportements de traque furtive (*stalking*) et de harcèlement qui se terminent en actes de violence. Toutefois, ces agissements peuvent également s'exprimer de manière non violente. Ces formes de harcèlement sont très répandues et peuvent s'avérer fort dangereuses. Les hommes ne sont pas les seuls à afficher ce genre de conduite : les femmes aussi se laissent aller au *stalking*. J'en sais quelque chose, ayant moi-même été victime de harcèlement aux mains de deux femmes durant mes dix premières années de pratique. Il n'est pas rare qu'un patient ou une patiente, par un phénomène que l'on nomme « contretransfert », tombe amoureux ou amoureuse de son analyste ou de son thérapeute. Ce fut le cas d'une de mes clientes : j'avais mis fin à nos séances parce qu'elle résistait à tout ce qui aurait pu améliorer son état ; or, peu de temps après, elle s'est mise à surgir partout où j'allais. Elle déposait des roses sur ma voiture, des fleurs sur le pas de ma porte. Vint un temps où je l'apercevais chaque fois que je donnais une conférence à l'extérieur.

Je l'ai confrontée à plusieurs reprises, avec fermeté et dans un langage qui ne laissait place à aucune ambiguïté. Elle justifiait son comportement en disant qu'elle était doctorante et que, par conséquent, elle était là pour apprendre de mes allocutions, mais d'un autre côté, elle m'adressait des petits mots dont la teneur se faisait de plus en plus sexuelle. Elle continua de me harceler ainsi pendant cinq ans, n'arrêtant ses agissements que lorsqu'elle déménagea dans le nord-ouest des États-Unis, c'est-à-dire très loin de chez moi. N'empêche, elle m'avait causé tout au long de ces cinq années énormément de stress et d'anxiété, au point où j'en étais venu à craindre pour la sécurité de ma famille. Malgré tout, je n'avais pu me résoudre à m'adresser à la justice pour qu'on émette contre elle une ordonnance de protection.

Le second cas de harcèlement dont j'ai été victime était bien différent du premier. Il s'agissait d'une femme, que je n'avais jamais rencontrée et ne connaissais ni d'Ève ni d'Adam, qui m'envoyait sans cesse des lettres par la poste. À cette époque-là, je faisais souvent des émissions spéciales sur le réseau PBS et donnais des ateliers de psychologie positive un peu partout aux États-Unis ; il était donc probable que la femme en question m'avait vu à la télé, avait assisté à un de mes ateliers ou lu mes livres. Quoi qu'il en soit, elle connaissait très bien ma vie et mon œuvre.

Chaque semaine, cette femme, qui était pasteure d'une congrégation religieuse dans l'Oklahoma, m'envoyait deux lettres qui, par-delà leur contenu religieux, évoquaient la promesse de plaisirs sexuels comme je n'en avais jamais connu – c'était du moins ce qu'elle prétendait. Au début, trouvant ces missives amusantes, je lui ai répondu en lui écrivant que j'étais un mari heureux et dévoué et que je n'avais nulle intention d'entretenir avec elle quelque relation que ce soit, fût-elle divine, humaine ou animale. Ma tactique ne produisit pas l'effet escompté : chaque lettre que je lui envoyais pour lui enjoindre de ne plus me contacter, et même les plus injurieuses ou autoritaires, suscitait de sa part des réponses de plus en plus passionnées.

Comme nous l'avons vu précédemment, l'adversité ne fait qu'exacerber le sentiment amoureux. Lorsque je compris cela, je cessai de répondre à ses envois. Elle continua de m'écrire pendant deux années entières, puis, enfin, sa correspondance s'arrêta.

Les comportements que je viens de décrire semblent non violents de prime abord, mais en réalité, ils constituent une forme de violence. Par leurs agissements, ces femmes ont menacé ma famille et m'ont causé une grande souffrance émotionnelle. Elles ne respectaient aucunement ma vie privée, et le fait que je n'avais subi aucune violence physique de leur part ne faisait pas moins de moi une victime.

Des statistiques étonnantes

Les comportements de harcèlement ne sont pas l'apanage des gens sans instruction. Helen Fisher cite une étude réalisée auprès d'étudiants américains de niveau collégial, dans laquelle 34 pour cent des femmes interrogées disent avoir été harcelées par un homme qu'elles avaient rejeté. Les garçons de niveau collégial sont aussi victimes de harcèlement de la part de leurs camarades féminines, mais nous ignorons selon quel pourcentage. Le ministère américain de la Justice rapporte que plus d'un million de femmes sont victimes de harcèlement chaque année aux États-Unis. Dans 60 pour cent des cas, le harcèlement est perpétré par un mari, un ex ou un petit ami.

La violence physique

Outre le harcèlement, qui est une forme de violence psychologique, les femmes sont également victimes de violence physique de la part des hommes. Le tiers des femmes qui nécessitent des soins médicaux d'urgence, le quart de celles qui font une tentative de suicide et 20 pour cent des femmes enceintes qui ont besoin de soins prénataux ont été brutalisées par un partenaire intime. En fait, le nombre de femmes battues est probablement beaucoup plus élevé que ce qu'indiquent les statistiques, puisque les victimes craignent bien souvent de rapporter ces incidents aux autorités.

Il m'est arrivé à trois reprises de secourir des femmes qui sont venues frapper à ma porte au petit matin pour éviter d'être agressées par un mari violent ; deux d'entre elles avaient dans les bras un nouveau-né. Je les ai accueillies et aidées à obtenir une ordonnance de protection afin qu'elles soient en sécurité jusqu'à ce qu'on leur fournisse une aide plus conséquente.

Deux de ces femmes ont suivi avec leur conjoint un traitement qui a porté fruits au centre The Meadows de Wickenburg, en Arizona. Deux des maris agresseurs étaient médecins, et sans vouloir m'en prendre à la profession médicale, je dirais qu'ils présentaient le profil typique du batteur de femmes – il s'agissait d'individus élitistes et dominateurs. En vérité, on trouve des batteurs de femmes dans toutes les cultures et dans toutes les couches de la société. Bien que les victimes pensent souvent qu'elles sont la cause du problème, que la violence disparaîtra si elles agissent différemment, c'est véritablement en l'homme que le problème prend racine : le batteur est instable et déséquilibré émotionnellement, et il porte en lui l'intime certitude que sa femme est un bien *qui lui appartient*. Quoi qu'il en soit, l'intervention d'un thérapeute spécialisé en santé mentale produit dans bien des cas d'excellents résultats.

Ainsi que nous l'avons vu dans le récit du géologue Gilbert, un conjoint éconduit peut parfois se changer en meurtrier. « Aux États-Unis, rapporte Helen Fisher, 32 pour cent des femmes assassinées meurent aux mains d'un conjoint, d'un ex-conjoint, d'un petit ami ou d'un ex-amoureux – certains experts estiment que ce chiffre se situe plutôt entre 50 et 70 pour cent. Plus de 50 pour cent de ces assassins ont traqué ou harcelé leur victime avant d'en arriver au meurtre. »

Qui, parmi nous, n'a pas rêvé de vivre un jour le grand amour ? Le problème est que cet état tant désiré, régi par le schéma romantique, mène parfois au quatrième degré d'ESPR et par extension aux comportements les plus nocifs et les plus dangereux qui sommeillent dans notre héritage génétique.

2e partie

Le schéma de l'attachement : travailler à construire un amour plus solide

Un mariage se transforme rarement – pour ne pas dire jamais – en une relation équilibrée sans à-coups, sans que les partenaires aient à traverser des moments de crise. On n'arrive pas à la conscience sans douleur.

– Carl Jung

Prologue

Tous les espoirs sont permis

Vous n'êtes pas amoureux fou, mais vous aimez votre conjoint ou conjointe. Sans un brin de condescendance, je vous dis : « Bravo ! C'est ainsi que la nature l'a voulu ! » Comme nous l'avons vu dans la première partie du livre, du point de vue de l'évolution, l'état qui nous fait nous sentir amoureux s'est développé pour inciter l'homme primitif à trouver une partenaire qui lui correspond et avec qui il peut s'accoupler. Cet instinct qui fait partie du processus reproductif a permis aux couples humains de rester ensemble suffisamment longtemps pour produire et élever une progéniture qui perpétuera l'ADN des deux partenaires.

Une fois qu'un couple établi décide d'avoir un enfant – ou qu'une mère célibataire tombe enceinte et décide qu'elle gardera l'enfant à venir, ce qui est tout aussi courant –, un nouveau schéma cérébral est déclenché par la mise en fonction de substances chimiques et de circuits cérébraux différents. Ce nouveau schéma est le « schéma de l'attachement », dont nous avons parlé précédemment. À ce stade, des émotions liées à l'attachement viennent supplanter les sensations fortes du schéma romantique et du schéma du désir, remplaçant celles-ci par un sentiment d'unité, d'intimité et de sécurité.

Mais attention, l'approfondissement du schéma d'attachement et la solidification des liens amoureux ne s'atteignent pas sans effort ! Être amoureux est une chose spontanée. En revanche, pour développer une relation adulte marquée par un amour plus mature, il faut travailler, y mettre du sien. Cela suppose une bonne dose d'humilité, de docilité et de souplesse. Ne vous attendez pas à ce que cela soit toujours facile !

Les unions de longue date

Un des meilleurs films que j'ai vus en ce qui a trait aux thérapies de couple s'intitule Tous les espoirs sont permis. *Meryl Streep et Tommy Lee Jones y jouent un couple marié depuis trente ans qui se trouve complètement coincé au troisième degré d'ESPR. Ce scénario est l'exemple parfait de ce qui peut arriver à un couple de longue date qui n'a pas travaillé à renforcer et à approfondir l'amour qu'il se portait jadis. Tous deux d'âge mûr, Kay (Meryl Streep) et Arnold (Tommy Lee Jones) vivent l'agonie d'un mariage sur le déclin – ils en sont même arrivés au point où ils font chambre à part. Kay tombe sur le livre d'un thérapeute, le docteur Feld (Steve Carell), qui propose aux couples en difficulté des retraites d'une semaine très chères à Great Hope Springs, une petite ville du Maine. Kay a un petit boulot dans un magasin, néanmoins elle a suffisamment économisé pour se payer cette semaine de thérapie. Elle convaincra par la suite son époux réticent de se joindre à elle. À Great Hope Springs, le couple tentera de ranimer la flamme d'une union désormais platonique et de renouveler leur engagement l'un envers l'autre, mais peut-être découvriront-ils plutôt qu'ils sont incapables de changer.*

La thérapie que suivront les deux personnages principaux est aussi proche de la réalité que ce que j'ai pu observer dans ma pratique. Arnold est un travailleur de la classe moyenne qui a trimé dur toute sa vie et a toujours peur de se faire arnaquer. Il est un tantinet paranoïaque et a une très faible estime de lui-même. Au fil de l'histoire, nous découvrons qu'Arnold est un homme en colère et que Kay a un tempérament passif-

agressif. D'entrée de jeu, Arnold s'engage dans une lutte de pouvoir avec le docteur Feld : il le houspille vertement et l'accuse de profiter de leurs problèmes pour se faire de l'argent. À deux occasions, Arnold quitte brusquement la séance en cours, chaque fois à un moment où le docteur Feld le confronte à un aspect de lui-même auquel il ne pourrait faire face que s'il était doté d'une identité plus accomplie. Mais comme bien des gens qui n'ont qu'une image floue et imparfaite d'eux-mêmes, Arnold se défile au moindre signe de conflit.

Kay, de son côté, dira au thérapeute qu'elle est très malheureuse. « On ne discute plus de rien », avouera-t-elle. Ce qu'elle ignore, c'est qu'Arnold, comme c'est le cas dans bien des unions malheureuses, a choisi inconsciemment de couper les voies de communication en même temps qu'il s'est coupé de ses émotions. On s'imposait cette règle à soi-même lorsque nos parents nous disaient, alors qu'on était enfant : « Si tu ne peux pas dire quelque chose de gentil, alors tais-toi. » Cette règle nous interdit de parler de nos problèmes – parce qu'un problème, ce n'est jamais « gentil ». Le fait est qu'une personne peut discuter de ses problèmes si son sentiment d'identité est suffisamment fort pour supporter l'inconfort et les contrariétés lorsque ceux-ci s'inscrivent dans une optique de croissance.

Dans le film, Kay dit avoir l'impression que son mariage se résume à une simple cohabitation : Arnold et elle se lèvent chaque matin pour aller travailler, et la nuit venue, chacun dort de son côté. Paradoxalement, dit-elle à son thérapeute, elle se sentirait moins seule si elle vivait seule. Nous apprenons bientôt que le couple n'a pas eu de relations sexuelles depuis des années. « À quand remonte la dernière fois où vous avez fait l'amour ? » lui demande le docteur Feld. « Je n'en ai aucune idée », répond d'abord Kay. Puis elle réfléchit un instant et lui donne une date : c'était il y a cinq ans. Avant cela, de toute manière, leur vie sexuelle avait toujours été monotone et routinière, leurs ébats se résumant invariablement à la position du missionnaire. Bien que Kay se soit montrée courageuse d'avoir convaincu son mari d'entreprendre cette thérapie avec elle, son amour-propre n'en est pas moins dans un fragile état.

Un jeu qui se joue à deux

Je parie que la plupart des gens qui ont vu Tous les espoirs sont permis *ont imputé l'essentiel des problèmes du couple à Arnold parce que, des deux conjoints, c'est lui le plus fermé, le plus acariâtre et le plus réticent au changement. En vérité, même si cela n'est pas évident de prime abord, Kay est responsable d'au moins 50 pour cent des problèmes de son couple. Elle est extrêmement codépendante, et avant d'amorcer la thérapie avec le docteur Feld, elle n'avait jamais parlé de ses besoins ni de ses émotions à son mari, ne lui avait jamais dit ce qu'elle aimait ou n'aimait pas. Un moment, le docteur Feld demande à chacun de raconter ses fantasmes sexuels. Arnold admet avoir toujours voulu que Kay lui fasse des fellations. Lorsque le thérapeute demande à Kay ce qu'elle pense de cela, celle-ci fait la grimace et répond qu'elle trouve ça dégoûtant.*

Le thérapeute donne au couple des exercices à faire : ils devront s'enlacer, se toucher, tenter l'amour oral et, plus tard, la copulation. Arnold et Kay se prêtent au jeu, mais sans grand succès. Docteur Feld annonce par la suite à Arnold qu'il est possible qu'une fois rentrée à la maison, sa femme lui demande le divorce ; tout au long de cette semaine de thérapie, elle a suffisamment développé son estime de soi pour refuser de rester dans l'impasse d'un mariage vide et sans vie. Terrifié à l'idée que son épouse le quitte, Arnold passe enfin à l'action : il organise un souper d'amoureux et réserve une belle chambre d'hôtel où ils passeront la nuit. Une fois leur repas terminé, ils sont d'humeur romantique. Ils montent à la chambre, tombent dans les bras l'un de l'autre, mais au moment de passer à l'acte, Kay constate qu'Arnold n'est pas en érection et conclut que c'est parce qu'il ne la désire plus.

Découragé, le couple met fin à ses séances de thérapie et quitte Great Hope Springs. *De retour à la maison, c'est la routine habituelle qui reprend : chaque soir Arnold se parque dans son fauteuil pour regarder le golf à la télé, et chaque nuit chacun s'enferme dans sa chambre pour y dormir seul. Un soir, n'en pouvant plus, Kay décide de quitter Arnold. Elle a bouclé ses valises lorsque celui-ci se présente de manière tout à fait inattendue à la porte de sa chambre. Dans son attitude, on voit enfin tout l'amour et le désir qu'il a pour elle. Kay est attendrie. Ils font l'amour. Le lendemain, alors qu'il quitte la maison pour se rendre au boulot, Arnold revient brusquement sur ses pas et embrasse son épouse d'un baiser passionné tout en caressant son corps. Elle adore ça !*

À la fin du film, Kay et Arnold retournent à Great Hope Springs pour renouveler leurs vœux de mariage. (Certains de ces vœux sont très spécifiques à leur relation. Kay promettra, par exemple, de regarder plus souvent le golf à la télé avec Arnold et, de son côté Arnold s'engagera à regarder le golf moins souvent lorsqu'ils sont tous les deux à la maison. Cette activité – regarder le golf à la télé – était pour l'un comme pour l'autre une manière de se « déconnecter », de s'éloigner l'un de l'autre.) Le docteur Feld sera l'officier de la cérémonie ; les enfants du couple en seront les témoins. À la toute fin, les deux conjoints brisent sous leurs pieds un nez en plâtre, geste humoristique et symbolique venant du fait que le docteur Feld avait comparé leur mariage à une « déviation de la cloison nasale » qui les empêchait tous les deux de respirer. Dans leur relation, Arnold et Kay avaient perdu toute spontanéité. Or, le thérapeute avait employé cette métaphore parce que pour corriger une déviation de la cloison nasale, il faut d'abord casser le nez pour ensuite le reformer. En décidant de quitter Arnold, Kay avait en quelque sorte « cassé le nez ».

Ce film aborde plusieurs des problèmes auxquels les couples de longue date sont confrontés. Je vous recommande fortement de le regarder, puis de vous poser les questions suivantes :

- *Même si je crois avoir raison sur un point, qu'est-ce qui est le plus important pour moi : la personne qui partage ma vie ou mon orgueil ?*
- *M'arrive-t-il de faire du mal à l'autre simplement parce que je ne veux pas déroger d'une idée fixe ?*
- *Ai-je fait tout ce qui était en mon pouvoir pour améliorer ma relation et être le meilleur partenaire possible ?*
- *Que puis-je faire pour redonner de la vie et de la vigueur à mon couple ?*

Chacun de nous a des choses qu'il aimerait changer chez son ou sa partenaire, mais avant de vouloir changer l'autre, il faut être prêt à changer soi-même. Et pour ce faire, il faut développer une identité forte et une bonne estime de soi. Dans une relation qui stagne au point mort, les partenaires sont aveuglés par la routine dans laquelle ils sont embourbés. Ils se sentent seuls et isolés.

Dans Tous les espoirs sont permis, *le docteur Feld emploie la métaphore de la déviation de la cloison nasale pour illustrer l'impasse dans laquelle se trouvent Kay et Arnold, et il leur fait bien comprendre que pour débloquer cette impasse, il faut casser le nez. Or, casser un nez est une chose qui se fait d'un coup, et non progressivement. En d'autres mots, pour changer, il faut passer à l'acte, même si cela signifie que l'on doive faire des choses que l'on n'a pas envie de faire.*

Chapitre 6

Trois autres découvertes récentes

Le cerveau est plus vaste que le ciel.

– Emily Dickinson

L'application d'un effort conscient *génère une* force physique *qui a la capacité de changer la structure physiologique et le fonctionnement du cerveau.*

– Jeffrey Schwartz et Sharon Begley, *The Mind and the Brain*

Sans l'amplification de l'affect et des émotions, rien n'a d'importance. Avec leur amplification, tout devient chargé de sens.

– Silvan Tomkins, *Affect, Imagery, and Consciousness*

Peut-être l'ignorez-vous, mais j'ai moi-même combattu l'alcoolisme. Dans l'une des premières réunions auxquelles j'ai assisté, quelqu'un a dit : « Pour pouvoir changer, j'ai dû me forcer à penser et à me sentir d'une certaine manière au lieu d'attendre que mon corps et mon esprit soient prêts à faire les choses que j'avais besoin de faire pour changer. » Quand une personne qui a une faible estime d'elle-même se trouve dans une situation stagnante ou sans issue, elle s'y sent généralement en sécurité ; il est en effet plus facile de maintenir un *statu quo* que de changer les choses, et ce, même si la situation dans laquelle on se trouve est malsaine. Mais lorsque notre vie est prise dans une ornière, nous nous sentons figés, piégés. La majorité des gestes que nous faisons et des décisions que nous prenons sont inconscients, ce qui nous rend incapables de planifier puis de faire les choses que nous devrions faire pour produire un réel changement. Nous avons bien souvent besoin d'une aide extérieure pour comprendre notre situation.

À un certain point de ma carrière, j'ai pris l'habitude de passer une entente très sérieuse avec chaque personne que je traite. Je disais « Vous êtes venu me voir dans un moment de grande détresse émotionnelle et vous ne savez pas quoi faire pour arrêter de souffrir. Si vous connaissiez la solution, vous n'auriez pas besoin de moi, vous ne seriez pas venu me voir. Durant notre thérapie, je vais insister pour que vous fassiez certaines choses. Vous allez devoir faire ces choses, peu importe que vous compreniez ou non pourquoi vous devez les faire. Si vous ne faites pas ce que je vous demande, je ne pourrai pas continuer de vous traiter. » Bien des thérapeutes jugeraient ce contrat incorrect d'un point de vue clinique, mais j'ai tout de même eu beaucoup de succès avec les clients qui ont accepté de s'y plier. Je dirais même que ce sont ces personnes, de toutes celles que j'ai traitées, qui sont parvenues le plus facilement à réellement changer.

Les couples qui viennent me voir sont coincés à un stade de leur évolution. Comment pourraient-ils *désirer* faire quelque chose pour sortir de cette impasse alors que leurs problèmes sont directement liés au désir et à leur manque d'estime de soi ? Pour s'extirper de là, ils devront parfois faire des choses qui sont à l'extérieur de leur zone de confort. Comme le dit le proverbe : *Rien ne change jusqu'à ce que* quelque chose *change*. Dans un couple en difficulté, chaque partenaire doit se concentrer sur son propre comportement et non sur ce que l'autre fait ou ne fait pas. En changeant votre comportement, vous bouleversez la routine, interrompez un rituel, ce qui donne à votre partenaire l'espace dont il a besoin pour changer. Chaque partenaire doit prendre le risque de développer son Moi et son estime de soi. Dans cette deuxième partie du livre, vous serez appelé à travailler sur vous-même. Pour obtenir de bons résultats, vous devez être prêt à agir en adulte en mettant de côté vos agissements infantiles – juger, demander des comptes, etc.

L'être humain préférera presque toujours attendre passivement plutôt que de passer à l'action. Mais voilà, pour aimer il faut agir. On peut facilement en arriver à de petites interruptions de comportement en faisant des gestes tout simples, même si au départ on ne comprend pas leur raison d'être ni ce qui fait leur efficacité. De récentes découvertes sur le cerveau, l'action consciente et la volonté démontrent qu'il est possible de changer par l'action la façon dont on se sent, ainsi que notre façon de penser.

Transformer une relation

Les deux premières découvertes récentes que nous avons faites concernant la transformation des relations de couple sont directement liées au changement du comportement. La troisième découverte porte sur la nature même de la santé émotionnelle de l'être humain, et donc sur la qualité de ses relations amoureuses.

La plasticité cérébrale

Professeur de psychiatrie à l'école de médecine de l'université de la Californie à Los Angeles, le docteur Jeffrey Schwartz définit la neuroplasticité comme étant « la capacité des neurones de forger de nouvelles connexions, d'ouvrir de nouvelles voies neuronales dans le cortex ». En d'autres mots, cela signifie que le fonctionnement de notre cerveau peut être modifié, qu'on peut « rebrancher » celui-ci différemment. Jusque-là, la science avait cru que le cerveau ne pouvait plus changer une fois qu'il avait atteint sa maturité à la fin de l'adolescence.

Dans son livre *The Mind and the Brain : Neuroplasticity and the Power of Mental Force*, rédigé en collaboration avec la journaliste scientifique réputée Sharon Begley, le docteur Schwartz expose les résultats de recherches faites auprès de patients souffrant de troubles obsessionnels-compulsifs. Sur des *scans* TEP (tomographie par émission de positons) réalisés au début et à la fin d'un traitement expérimental de dix semaines, lequel a été mis au point par le docteur Schwartz lui-même, on observe que le noyau caudé droit, zone du cerveau liée aux comportements compulsifs, a beaucoup diminué de taille au terme du traitement. Cette diminution – qui dans certains cas était de l'ordre de 80 pour cent – indique qu'il y a eu interruption de l'énergie circulant entre le noyau caudé droit, le cortex orbitofrontal droit et le thalamus droit. En d'autres mots, le traitement du docteur Schwartz avait eu pour effet de court-circuiter un processus obsessionnel rigide, et en apparence automatique, qui poussait la personne à agir d'une certaine manière. Dans cet ouvrage fascinant, Jeffrey Schwartz écrit : « L'application d'un effort conscient génère une *force physique* qui a la capacité de changer la structure physiologique et le fonctionnement du cerveau » (p. 18 ; je résume les travaux du docteur Schwartz au chapitre 3 de mon livre *Retrouver l'enfant en soi*).

La portée de ces découvertes vous échappe ? Alors, songez à tout ce qui cloche dans votre couple, à toutes ces choses sur lesquelles vous obsédez, aux réactions et aux comportements négatifs qui vous viennent de façon automatique. Votre conjoint vous critique, vous réagissez en vous refermant sur vous-même. Vous vous plaignez du fait qu'elle a tout le temps des reproches à vous faire, elle se plaint du fait que vous ne partagez pas vos émotions avec elle, que vous ne l'écoutez pas, que vous n'êtes pas attentif à ses besoins, etc. La vérité, c'est que chacun provoque le comportement de l'autre, que chacun empêche l'autre de développer son Moi et son indépendance émotionnelle. C'est un peu comme la troisième loi de

Newton, qui dit que chaque action entraîne une réaction opposée de force égale.

Dans son livre *The Developing Mind : How Relationships and the Brain Interact to Shape Who We Are*, le docteur Daniel J. Siegel explique que l'esprit en soi est le produit de l'expérience interpersonnelle : « L'esprit émerge de l'activité cérébrale, écrit-il, or, la structure et le fonctionnement du cerveau sont directement façonnés par l'expérience interpersonnelle. »

Cindy et Robert : une relation coincée dans un cercle vicieux

Cindy et Robert étaient pris dans un cercle vicieux qui tenait leur relation au point mort. Cindy critiquait constamment Robert, bien souvent pour des choses sans importance. Quand je lui demandais pourquoi elle agissait ainsi, elle répondait : « Parce qu'il ne me parle pas, qu'il ne partage rien avec moi. » Quand je demandais à Robert pourquoi il ne s'ouvrait pas à Cindy, il me disait : « Parce qu'elle est tout le temps en train de me critiquer. »

C'était le cas typique de la fille casse-couilles et du gars renfermé, un couple figé dans une façon de faire et dans lequel chacun provoque la réaction de l'autre par ses comportements infantiles et obtus. On pourrait comparer cela à une voiture prise dans la boue : plus on appuie sur l'accélérateur, et plus on s'enfonce. Notre entêtement n'a d'autre effet que de creuser encore davantage les ornières desquelles nous sommes prisonniers. Impossible d'avancer. Il en va de même des relations amoureuses.

Votre couple se trouve dans une impasse ? Alors l'un de vous doit changer, peu importe que ce soit vous ou l'autre (à moins bien sûr que vous ne soyez victime de violence, en quel cas c'est nécessairement l'autre qui doit changer). Lorsqu'un des partenaires modifie son comportement, cela peut provoquer un changement chez l'autre. Il suffit que l'un des deux fasse preuve d'un peu de volonté et passe à l'acte. Je reviendrai plusieurs fois sur ce point dans cette section du livre : il est essentiel que vous vous preniez en main, que vous agissiez d'abord pour transformer votre relation ensuite. Dans la foulée, vous vous construirez un Moi et une identité plus forts. Et tout cela peut partir de l'initiative d'un seul des deux partenaires ! Mais avant de passer à l'action, il faut que vous cessiez de juger l'autre et de voir votre relation tel un rapport de force.

Les travaux du docteur Schwartz témoignent du pouvoir transformateur de la volonté, de son fonctionnement et de son efficacité. « Une activité mentale volontaire et dirigée peut clairement et systématiquement altérer la fonction cérébrale », écrit-il. La production d'un « effort volontaire » applique sur le cerveau une « force physique » qui en modifie le fonctionnement. Et ça fonctionne !

Je puis moi-même attester du bien-fondé de ce principe. Le 11 décembre 2014, j'ai célébré quarante-neuf ans de sobriété. Je me suis débarrassé de mon alcoolisme par l'action, en appliquant d'abord des comportements qui en sont venus à changer mon état d'esprit. Ce n'est que plus tard, lorsque j'ai pris connaissance des travaux de Jeffrey Schwartz, que j'ai compris pourquoi cette approche avait fonctionné : en agissant, je faisais de ma volonté une force physique qui travaillait à transformer mon cerveau.

La primauté du système de l'affect

Depuis Descartes, les philosophes ont favorisé la pensée, la raison et l'analyse logique plutôt que la volonté et les émotions. Il semble qu'à ce point-ci de l'histoire humaine, ces deux derniers aspects de l'expérience humaine aient enfin repris la place qui leur revient de droit. Au début des années 1960, le psychologue Silvan Tomkins a proposé une théorie qui présente l'affect, et par extension les émotions, comme un mécanisme primaire inné. En observant son nouveau-né de même que ceux des autres, Tomkins a conclu que, contrairement à ce que l'on croyait à l'époque, les pleurs d'un bébé ne sont pas un acte volontaire mû par une réflexion. Les bébés n'ont pas besoin de raison pour pleurer : ils le font naturellement, par la voie d'un mécanisme inné. De fait, toutes les émotions qu'ils ressentent sont innées – joie, curiosité, colère, peur, tristesse, honte, etc.

Tomkins a défini neuf affects innés qui s'expriment à travers des mécanismes biologiques prédéterminés. Par exemple, les deux derniers affects qui figurent sur sa liste, le *dissmell* (dégoût olfactif) et le dégoût existent à la base pour nous protéger contre l'air, l'eau et la nourriture contaminée. Au fur et à mesure que notre Moi se développe, le dégoût et le *dissmell* perdent peu à peu leur vocation de protection biologique pour s'intégrer plutôt à notre système de protection émotionnelle (nous explorerons cela plus en détail au chapitre 9).

L'émotion est un affect dont nous avons conscience. Tomkins a déterminé que chaque affect (ou émotion) est accompagné d'une expression faciale ou vocale précise (voir figure 6.1). Les neuf affects innés de Tomkins ont été corroborés par les psychologues Paul Ekman et Carroll Izard. Après avoir montré des photos des neuf affects à des individus issus de vingt et un pays différents, Ekman et Izard ont conclu que ceux-ci étaient reconnus universellement.

Figure 6.1
Les neuf affects innés de Tomkins

Affects positifs:

Plaisir/Joie: sourire, étirement des lèvres

Intérêt/Excitation: sourcils froncés, regard vif, écoute attentive

Affects neutres:

Surprise/Sursaut: sourcils levés, clignotement des yeux

Affects négatifs:

Colère/Rage: sourcils froncés, rougeur du visage, mâchoires serrées

Peur/Terreur: visage pâle, regard fixe, sueurs froides, chair de poule

Honte/Humiliation: yeux baissés, tête baissée et détournée, rougissement du visage

Détresse/Angoisse: pleurs, sanglots, sourcils arqués, abaissement des lèvres aux commissures

Dissmell (dégoût olfactif): grimace avec soulèvement de la lèvre supérieure, tête rejetée vers l'arrière

Dégoût: tête baissée et penchée vers l'avant, moue

Tomkins a ensuite démontré que ces neuf affects ou émotions forment un système interactif. L'affect est selon lui le principal motivateur du comportement humain, ce qu'il confirmera dans ce passage maintes fois cité: « Je conçois l'affect (l'émotion) comme un mécanisme motivationnel inné plus urgent que les pulsions, la privation et le plaisir; plus urgent même que la douleur physique. » Il a démontré cliniquement que sans amplification des émotions (affects), rien n'a d'importance, et qu'avec leur amplification tout devient chargé de sens. Les affects (nos émotions) sont les éléments de base qui forgent nos désirs, nos actions, nos décisions et notre cognition. À l'époque où je suivais un programme pour combattre mon alcoolisme, j'ai remarqué que plus j'assumais et exprimais mes émotions, plus je m'éloignais d'un schème de pensée régi par le déni et les choix malavisés. Les émotions sont le moteur qui, dans le cerveau primitif, mène à la réflexion. Les cinq points suivants illustrent bien l'importance des émotions et du système dans lequel elles s'insèrent:

- Sans les émotions, rien n'a d'importance.
- Nous ne pouvons pas prendre de décisions sans émotions. La notion de choix et la capacité décisionnelle sont en péril quand elles sont émoussées ou réprimées.
- Sans émotions, impossible de réfléchir.
- Les émotions sont le motivateur principal du comportement humain.
- On ne peut pas installer une certaine intimité dans son couple sans exprimer ses émotions.

Ce dernier point est le plus pertinent dans l'établissement d'un amour mature avec un conjoint ou une conjointe. L'intimité sous-entend une certaine vulnérabilité ; or, nous ne sommes jamais plus vulnérables que lorsque nous exprimons nos émotions. Dans un couple, les deux partenaires doivent apprendre à faire part de leurs émotions : ces occasions de partager leur feront vivre de merveilleux moments d'intimité.

Chapitre 7

Des attentes réalistes

La perfection ne convient pas.

– Carl Rogers

Où il y a vie, il y a conflit.

– Anonyme

Quelqu'un a demandé un jour au grand thérapeute Carl Rogers ce qu'il faisait pour se préparer à une séance de thérapie avec un client. À cette question, Rogers aurait répondu : « Je me dis que je suffis à la tâche, que je suis adéquat. Je ne suis pas parfait, mais justement, en ce cas-ci la perfection ne conviendrait pas. » Rogers insistait sur le fait que peu importe ce que son client lui dirait, il serait en mesure de le comprendre, puisque son client était un être humain. Son approche fait écho à cette pensée du philosophe romain Sénèque, qui disait : « Rien de ce qui est humain ne m'est étranger. » Carl Rogers estimait suffisant le fait d'être *adéquat*, et non parfait : « Si nous étions parfaits, nous ne serions pas humains, disait-il. La perfection ne conviendrait pas. » Obtenir un score parfait à un examen est dans l'ordre du possible, mais être soi-même parfait, voilà une chose impossible. Pourquoi ? Parce que, comme on le dit si bien au centre de traitement The Meadows, en tant qu'êtres humains nous sommes « parfaitement imparfaits ».

La honte est l'affect inné par lequel s'exprime le plus complètement notre finitude. Nous sommes les seuls animaux qui *rougissent* parce que nous sommes le seul animal qui peut commettre des erreurs, et qui en commet. Et nous commettons nos plus grandes erreurs lorsque nous essayons d'être *plus qu'humains*, c'est-à-dire lorsque nous agissons en essayant d'être parfaits et incapables de honte. Le diagramme ci-dessous est adapté de mon livre *S'affranchir de la honte* (édition révisée, p. 40).

Diagramme 7A:
La dynamique de la honte en tant qu'affect

ABSENCE DE HONTE Se sent moins qu'humain. Comportements névrosés	HONTE NORMALE Un affect inné qui marque notre finitude et forge notre identité. Simplement humain	ABSENCE DE HONTE Se sent surhumain. Souffre d'un désordre de la personnalité.
ENTIÈREMENT IMPARFAIT Tout est sa faute.	PARFAITEMENT IMPARFAIT Assume ses responsabilités.	SE CROIT PARFAIT. N'assume pas la responsabilité de ses erreurs.
ABDICATION DE TOUT CONTRÔLE Se valorise à travers l'échec.	ÉQUILIBRE ENTRE CONTRÔLER ET LÂCHER PRISE Se valorise à travers la « prière de la sérénité ».	ESSAIE TOUJOURS DE TOUT CONTRÔLER. Sentiment de puissance exagéré et infondé

EXPOSE SES DÉFAUTS SANS RETENUE.	VULNÉRABILITÉ APPROPRIÉE Les limites qu'il se fixe sont flexibles.	SE SENT INVULNÉRABLE. Se fixe des limites rigides.
CURIOSITÉ ATROPHIÉE PRÉTEND NE RIEN SAVOIR. « JE SUIS UNE ERREUR. »	MOI PLEINEMENT FONCTIONNEL DOCILITÉ EST EN CONSTANT APPRENTISSAGE. « J'APPRENDS DE MES ERREURS. »	ORGUEILLEUX PRÉTEND TOUT SAVOIR. « JE NE FAIS JAMAIS D'ERREURS. »
Colère tournant en rage	Colère agissant comme une limite	Colère passive-agressive
SE BLÂME DE TOUT.	EST RESPONSABLE DE SES ACTES ET DE SES COMPORTEMENTS.	N'EST JAMAIS RESPONSABLE DE QUOI QUE CE SOIT.
FAIT CES CHOSES DE FAÇON COMPULSIVE : Manger Dépenser Boire Consommation excessive d'alcool et de drogues	FAIT CES CHOSES AVEC MODÉRATION : Manger Dépenser Boire Consommation d'alcool et de drogues	FAIT CES CHOSES DE FAÇON COMPULSIVE : Suivre des régimes Économiser Abstinence dans l'alcool et les drogues
SE DIT PLEIN DE DÉFAUTS ET DYSFONCTIONNEL. SE VOIT COMME UN PÉCHEUR. EST CONVAINCU QU'IL IRA EN ENFER.	HUMILITÉ ET HUMANITÉ N'A PAS L'IMPRESSION D'ÊTRE QUELQU'UN DE SPÉCIAL.	CROIT EN UN DIEU AUTORITAIRE. COMPORTEMENTS ÉLITISTES AFFIRME QUE SON SALUT EST ASSURÉ.

La honte est le mécanisme qui nous empêche d'outrepasser les limites du raisonnable, notamment parce qu'elle tient en laisse deux autres affects innés, soit l'intérêt/la curiosité et l'excitation/la joie (en d'autres mots, l'esprit de célébration). Lorsque nous ressentons de la honte, c'est comme si quelqu'un nous tapait sur l'épaule pour nous dire *Ça suffit, tu as eu assez de plaisir* ou *Tu as suffisamment assouvi ta curiosité.* La honte est au cœur de ce vice qu'on appelait *curiositas* au Moyen Âge et qui était l'équivalent de dire : « Monte sur ton cheval et pars *dans toutes les directions.* » Pour être vraiment libres, nous avons besoin de limites, nous avons besoin d'être encadrés.

La honte est comme un jalon qui démarque l'emplacement et l'étendue de nos limites. Ces bornes qui restreignent nos comportements sont saines et bénéfiques. Toutefois, lorsqu'on grandit avec des parents chez qui l'affect de la honte est absent, on se voit forcé d'assumer la honte qu'ils auraient dû ressentir normalement – bien souvent ce type de parent commet des sévices physiques (fessées, corrections), sexuels (inceste perpétré ouvertement ou en cachette), intellectuels (se moquer des idées ou des pensées de l'enfant) ou spirituels (forcer l'enfant à accepter un dogme et exiger de lui une obéissance absolue à ce dogme).

L'enfant qui hérite de la honte que ses parents n'ont pas connue développe une personnalité axée sur cet affect : pour lui, la honte n'est plus une émotion, mais une *identité.* La honte héritée est intériorisée et, partant de là, devient *toxique.* Or, la personnalité des individus pris dans un schéma de honte toxique oscille entre deux pôles : soit ils se sentent parfaits et invincibles, soit ils ont l'impression d'être des incapables remplis de défauts. Craignant que leur faiblesse ne soit exposée, ils se cachent, ainsi que nous l'avons vu au diagramme 7A, derrière des comportements *plus qu'humains* (orgueil, vantardise) ou *moins qu'humains* (abdication, autodérision).

Lorsqu'on penche d'un côté ou de l'autre de la balance, on a tendance à vouloir être « le meilleur parmi les pires ». À l'époque où je faisais mes premiers pas dans l'abstinence, j'ai essayé de devenir le meilleur pire alcoolique que je pouvais imaginer. Au cours des réunions, je pouvais par exemple raconter à l'assistance que j'avais marché dix kilomètres dans la neige pour m'acheter du whisky. C'était bien sûr complètement exagéré. Aujourd'hui, mes propos seraient plus près de la réalité – je dirais plutôt avoir traversé cinq pâtés de maisons dans la neige. Mon Moi étant contaminé par une honte toxique, je me sentais déficient et imparfait et m'efforçais donc d'être *plus qu'humain*. D'autres auront à l'inverse le réflexe de baisser les bras et de devenir *moins qu'humains*. La honte adore que l'on se cache en silence. Quand une personne ressent de la honte, elle a régulièrement du mal à parler et à respirer ; ne voulant pas être vue, elle a aussi tendance à se cacher, à mener une vie recluse. Mais le plus dur pour une personnalité axée sur la honte, c'est d'exprimer ses sentiments. C'est d'ailleurs pourquoi les individus qui ont ce type de personnalité ont tant de mal à parler avec franchise de leur vulnérabilité. Mais la honte toxique est particulièrement nocive à cause de l'impact qu'elle a sur l'identité et l'estime de soi. Lorsqu'elle est ressentie et exprimée normalement, la honte est l'affect qui contribue le plus à la formation d'une identité solide ; par contre, lorsqu'elle est toxique, elle devient très destructrice pour le Moi.

Dans son livre *Shame and Pride* (La honte et l'orgueil), le docteur Donald Nathanson explique que la honte, dans son expression normale, permet à l'individu de se remettre en question de manière constructive à tous les stades de son développement. Au sujet de l'enfant, il écrit : « La honte remet en cause tout ce qui était naturellement plaisant et excitant à l'enfant. » La honte est un élément perturbateur qui force l'enfant à évaluer et réévaluer la perception qu'il a de lui-même, ce qui contribue à l'élaboration de sa conscience et de son Moi.

La plupart des thérapeutes ont incorporé à leur vocabulaire l'expression « suffisamment bon », que le psychologue Carl Rogers a imaginée pour décrire un comportement de haute qualité. Aucun thérapeute professionnel n'utilise le mot « parfait » pour décrire un mariage, une famille, un mari ou une épouse. Cela serait une erreur, vu que cet affect inné que l'on nomme « honte » garde toujours un œil sur notre enthousiasme et notre curiosité afin de nous faire savoir au moment voulu que nous avons le droit de nous tromper, ou mieux encore, afin de nous faire comprendre qu'il est inévitable que nous fassions des erreurs. Cette honte innée délimite les balises de notre finitude et nous donne la permission d'être humains, c'est-à-dire de commettre des erreurs et d'admettre que nous ne savons pas tout et que nous avons parfois besoin d'aide.

Le cinéma et la télé nous ont habitués à voir des couples et des familles dans lesquels tout le monde pense de la même manière, où personne ne s'ennuie jamais, où les conflits sont toujours teintés d'humour, où la solitude et la colère n'existent pas, et où les responsabilités sont partagées de bon gré. Tout va pour le mieux dans le meilleur des mondes, mais curieusement, on ne nous donne jamais une idée précise de la sexualité de ces gens-là. Tout au plus nous laisse-t-on supposer que tout va bien de ce côté-là, que leur vie sexuelle est aussi rose que le reste. Les Cosby, Brady et autres familles télé du genre m'apparaissent complètement asexués, un univers de Barbie où tout n'est que chaste perfection. Bien que nous sachions que tout cela n'est qu'illusion, ces idées nous empoisonnent en nous emplissant d'attentes irréalistes vis-à-vis de l'amour, de la famille et du couple.

Je vais vous présenter dans ce chapitre-ci un certain nombre d'attentes réalistes, parfaitement adaptées aux unions heureuses et fonctionnelles, que j'ai formulées au fil des années que j'ai passées à travailler avec des familles et des couples mariés. Ces attentes reflètent en outre le niveau d'évolution actuel de l'espèce humaine. Pendant plusieurs années, j'ai donné à la Southern Methodist University (SMU) un cours portant sur la famille d'origine et le mariage. Je suis également agrégé au centre The Meadows dans l'Arizona, où nous traitons toutes les formes de dépendances, de traumatismes, de sévices et d'abandons dans le contexte du système familial global de chaque personne traitée. Dans les sections qui suivent, je vous parlerai principalement de la famille. C'est là un élément primordial, car une famille ne peut se porter mieux que le couple qui en est le noyau central.

Je pourrais commencer ma liste d'attentes réalistes en disant tout le contraire de ce que l'on voit dans les films, les romans, les contes de fées et les émissions de télé : dans une relation amoureuse, les partenaires ne sont pas toujours d'accord, ne pensent pas toujours la même chose et ne sont pas toujours synchronisés sur le plan sexuel ; en revanche, ils peuvent se fâcher l'un contre l'autre ou se sentir seuls. À tout moment, l'enfant blessé qui vit en nous peut resurgir et nous amener à avoir des comportements égoïstes ou égocentriques. Quant au désir sexuel, il dépend du degré de solidité du Moi de chacun, aussi est-il normal qu'il y ait discordance du désir sexuel dans un couple, et ce, même si dans l'ensemble la relation est saine. Chacun de nous est unique, et donc différent sous bien des aspects. Nous avons bien sûr des points en commun, puisque nous sommes tous des êtres humains. Cependant, ces similitudes ne sont pas aussi marquées que les « histoires d'amour » voudraient nous le faire croire.

Certains problèmes ne seront jamais complètement résolus

Grand spécialiste des relations de couple, le psychologue et auteur John Gottman a lui-même cité plusieurs chercheurs très respectés dans le domaine – parmi eux, Andy Christensen, Neil Jacobson, Susan Johnson, Les Greenberg, Doug Snyder et Dan Wile – qui ont conclu qu'il y a dans chaque couple au moins un problème conjugal qui ne sera jamais complètement résolu. Les couples qui jouissent d'une bonne entente sont ceux dont les partenaires sont prêts à faire des compromis et à accepter les différences de l'autre.

Construire une plus grande intimité

La plupart des thérapeutes s'entendent pour dire qu'un couple peut accéder à un plus haut niveau d'intimité si les partenaires comprennent et acceptent leurs différences. Imaginez ce que serait la vie si vous étiez en couple avec quelqu'un qui est exactement comme vous ! Il y a fort à parier que ce serait une relation ennuyeuse, et pas toujours harmonieuse. Gottman a souligné le fait que les thérapies de couple n'ont pas beaucoup contribué à faire diminuer le taux de divorce ni à rendre les couples plus heureux. De tous les couples qui ont recours à la thérapie conjugale, seulement une minorité atteint un état d'où la détresse est absente : une étude réalisée en 1995 par Price et Jacobson nous apprend que seulement 35 pour cent des couples qui vont en thérapie parviennent à un tel état et que, de plus, 30 à 50 pour cent d'entre eux font une rechute dans l'année.

J'ai moi-même éprouvé bien des difficultés lorsque j'ai commencé à traiter des couples en détresse. Au cours de mes huit premières années de pratique, mon travail consistait essentiellement à aider les couples à divorcer le plus harmonieusement possible. Bien que le livre que vous avez entre les mains ait pour but de vous aider à éviter le divorce, il y a assurément des couples qui ne devraient pas rester ensemble. Aider un couple (ou plus souvent un des deux partenaires) à engager un divorce est une fonction tout à fait valable de la thérapie conjugale – certains couples, même s'ils n'en sont pas conscients au début, se servent de la thérapie pour se séparer. Cela dit, les divorces amicaux sont plutôt rares, surtout lorsqu'ils impliquent un ou plusieurs enfants. Les couples en instance de divorce qui ont des enfants ont généralement besoin d'un thérapeute qui saura les orienter sur la voie de la coparentalité. Plus tard dans ma carrière, soit de 1978 à 1989 (cette année-là, j'ai mis fin à ma pratique clinique pour me concentrer sur mes ateliers et sur mes spéciaux télé sur le réseau PBS), j'ai obtenu un haut taux de réussite grâce aux méthodes que je vous décrirai dans les prochains chapitres. L'état de stress post-romantique est maintenant un désordre que l'on peut surmonter !

Le diagramme 7B présente les six problèmes fondamentaux auxquels tout couple devrait s'attaquer s'il veut en arriver à un amour mature et personnalisé. Je ne pourrai malheureusement pas m'attarder à chacun d'eux, néanmoins je serai en mesure de montrer à ceux d'entre vous qui sont en difficulté des manières de changer. Je vous exposerai une façon très efficace de résoudre les conflits causés par les règles et les valeurs que vous avez héritées de votre famille d'origine. Je vous montrerai également comment explorer vos différences, et dresserai le portrait du cheminement que vous aurez à faire une fois ces différences acceptées.

Au début d'une relation, les partenaires se trouvent dans « l'univers du toi », période où chacun est concentré sur l'autre et s'emploie à le découvrir. Les deux partenaires sont amoureux, leur vie sexuelle est intense et passionnée, et ils n'ont pratiquement aucun effort à faire pour entretenir leur relation. À la fin du schéma romantique débute l'Étape 1, qui consiste à démanteler les blocages causés par ce que chacun a vécu dans sa famille d'origine. Cette étape exige que les deux partenaires travaillent ensemble à définir et à accepter leurs différences, et à régler le bagage émotionnel lié au passé. Une fois ces problèmes résolus de manière satisfaisante (voir chapitre 8), le couple peut commencer à intégrer des mécanismes de réparation qui lui permettront de désamorcer les comportements potentiellement néfastes avant qu'ils ne dégénèrent et mènent les partenaires sur la pente glissante des « Sept D capitaux » (voir chapitre 9). L'Étape 1 prend fin quand le couple en arrive à une entente réaliste et viable en ce qui concerne sa vie sexuelle. Vient ensuite l'Étape 2, qui vise à ce que les partenaires acquièrent une plus grande indépendance l'un vis-à-vis de l'autre. Cette transition vers l'autonomie passe par l'élaboration de mécanismes susceptibles de réparer les dommages causés par l'ESPR, y compris ceux qui ont touché la dimension sexuelle du couple. Tout au long de cette seconde étape, qui est « l'univers du moi », chaque partenaire plonge au plus profond de lui-même pour explorer et solidifier son Moi identitaire. L'Étape 3, « l'univers du nous », en est une d'interdépendance : les partenaires travaillent alors à approfondir l'engagement et le lien qui les unissent, pour en arriver par la suite à une plus grande intimité.

Diagramme 7B : Les 6 problèmes relationnels fondamentaux

1. La différence entre :

Être fou d'amour (attirance, désir) et aimer (attachement, sécurité, concordance, présence, intimité). Comprendre l'amour comme le résultat d'un travail actif suppose une certaine conception de l'engagement et de la maturité.

2. Les différences :

1. Genre (homme, femme)
2. Tempérament, goûts, habitudes, valeurs, besoins
3. Taux de testostérone
4. Désirs sexuels
5. Règles implicites et explicites héritées de la famille concernant les points suivants :
   a. ethnie
   b. religion
   c. argent
   d. méthodes parentales
   e. habitudes ménagères et domestiques
   f. travail
   g. sexe
   h. éducation
   i. manières de célébrer (anniversaires, fêtes religieuses, etc.)
   j. convictions politiques

3. Les troubles pathologiques et non pathologiques :

1. Rapport au quotidien
2. Traumatismes liés à l'attachement
3. Négligence et maltraitance
4. Besoins développementaux carencés

4. Le niveau d'estime de soi :

1. Solidité de l'ego et actualisation du Moi authentique
2. Différenciation intérieur/extérieur
3. Application de limites flexibles
4. Niveau d'intelligence émotionnelle

5. Les problèmes de communication

6. La familiarité (image figée) et les aléas du destin :
1. Poids de la routine
2. Projection
3. Désastres et infortunes
4. Trahisons
5. Familiarité

Nous avons déjà parlé du point numéro 1, qui porte sur les croyances erronées que nous nourrissons vis-à-vis du schéma romantique. La plupart des chercheurs dans le domaine considèrent l'état amoureux (être « fou d'amour ») comme un *prélude passif* à l'amour, et non comme l'amour proprement dit (par passif, nous entendons « qui ne nécessite aucun effort »). Nous avons vu que la phényléthylamine, cette « molécule de l'amour », augmente le niveau de testostérone et donc, la libido de l'individu durant le schéma romantique, et qu'au bout de douze à dix-huit mois, ce niveau revient plus ou moins à ce qu'il était normalement. L'intensité amoureuse et sexuelle du schéma romantique est un impératif biologique qui nous incite à rencontrer un partenaire dans le but de nous accoupler et de nous reproduire, cela afin de perpétuer l'espèce. Ainsi que le précise Helen Fisher, cet impératif « ne s'est pas développé pour nous aider à maintenir une relation stable et durable ».

Pour les individus qui vivent ou vivaient « une passion amoureuse », la dégradation du schéma romantique peut être un dur coup à encaisser du fait que, en plus du choc que cause l'ESPR, ils doivent vivre la transition entre ce prélude à l'amour et le début de la première étape d'une évolution menant à l'amour adulte. Le diagramme 7C (voir à la page 125) illustre les quatre étapes qui mènent à l'amour mature. Ces étapes qui se succèdent spontanément débutent là où se termine la phase intensément amoureuse et sexuelle du schéma romantique.

J'utilise ici des variantes du mot *dépendance* parce que je conçois les étapes développementales de l'enfance comme une lutte dont le premier état est la codépendance, qui se définit comme un lien symbiotique avec les sources maternelles. De là, nous passons à la contre-dépendance, phase pendant laquelle nous commençons à développer une identité distincte en nous séparant des sources maternelles. C'est une période d'attachement oppositionnel : l'enfant s'affirme alors en piquant des crises, en disant « Non ! », et il délimite les frontières de son être en s'appropriant les choses – « Ça c'est à moi ! ». Plus tard dans l'enfance, après avoir traversé cette période de contre-dépendance visant la séparation d'avec la mère et l'établissement de l'identité, nous commençons à établir une indépendance qui nous est propre. C'est tout le combat de l'adolescence. Les adolescents nourrissent souvent le fantasme d'être observés par un « auditoire imaginaire », s'inventent une « allégorie personnelle » dont ils sont la vedette parce qu'ils doivent se donner le sentiment que leur vie est unique et spéciale.

**Diagramme 7C :
Stades de développement de l'amour mature**

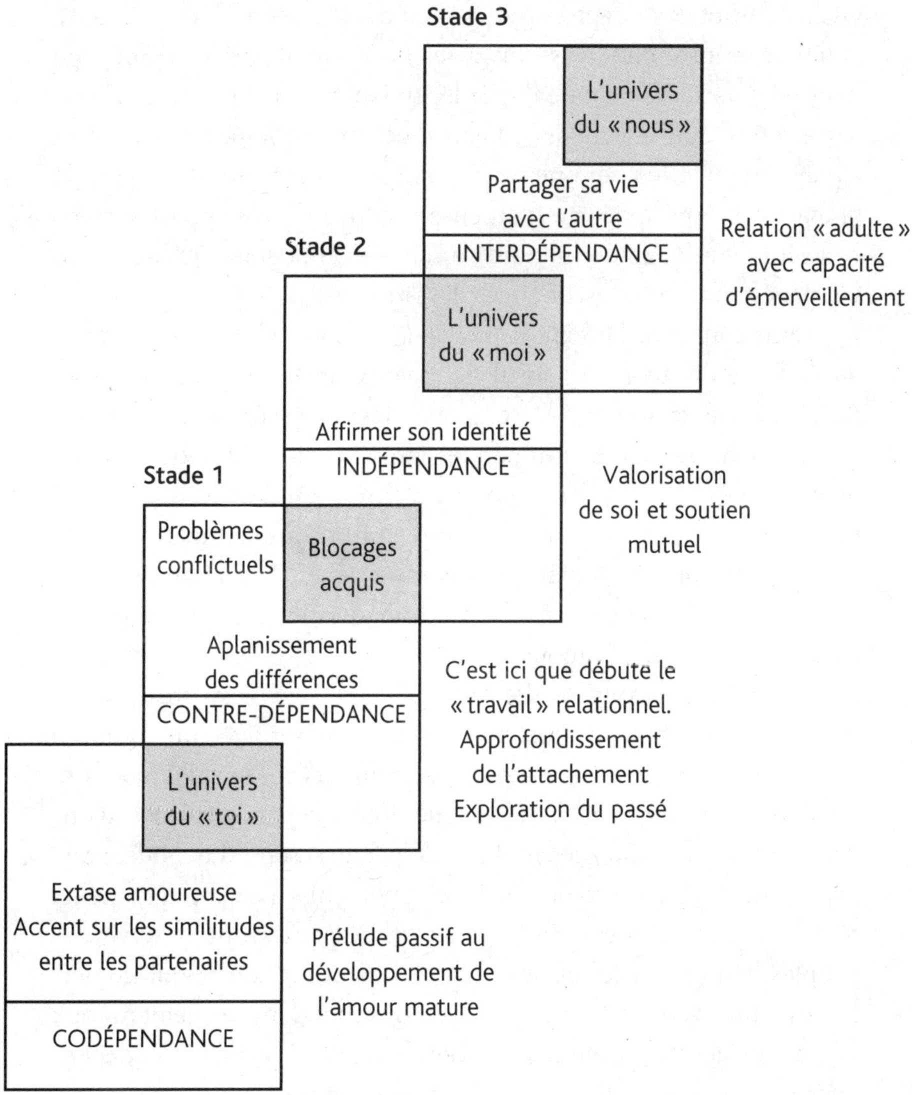

C'est généralement dans les dernières années de l'adolescence, c'est-à-dire à la fin du secondaire ou au début des études collégiales, que nous tombons amoureux au point de nous perdre dans le regard brûlant de l'être aimé. C'est la seconde relation symbiotique que nous vivons de notre vie, après le lien vécu avec la mère. Une fois cette première transe amoureuse dissipée, nous amorçons le périple qui nous mènera sur la voie de l'interdépendance et de la maturité.

Je crois que le schéma romantique est le prélude passif après lequel s'amorce le cheminement vers l'amour mature. C'est pour la plupart une période merveilleuse, qu'il ne faut pourtant pas confondre avec l'amour mature – un piège qui, comme nous l'avons vu, peut avoir des conséquences désastreuses.

Dans son livre *Histoire naturelle de l'amour*, Helen Fisher parle de la durée des mariages au fil des âges. Chez nos ancêtres, l'espérance de vie était moindre et donc, les mariages de plus courte durée. Dans le règne animal, les unions exclusives de plus de quatre ans sont rares, c'est-à-dire qu'elles prennent le temps qu'il faut pour produire et élever une progéniture jusqu'à maturité. Du contrat politique ou social qu'il était au début, le mariage est progressivement devenu, dans l'élan romantique des poètes et des troubadours, affaire d'amour.

Avec l'augmentation de l'espérance de vie s'est présenté un nouveau défi : l'humain doit désormais composer avec une union à long terme. À ce jour, nous ne savons toujours pas ce qu'il faut faire pour soutenir une relation de longue durée, cependant nous avons commencé à identifier les problèmes qu'elle suscite. Le modèle que je propose, les quatre stades de développement succédant au schéma romantique, est basé sur ce que les thérapeutes ont observé des couples heureux et fonctionnels au cours des soixante-quinze dernières années. Ces quatre stades correspondent également aux étapes de développement de l'identité chez l'enfant – codépendance, contre-dépendance, indépendance, interdépendance.

Le lecteur ne doit pas perdre de vue que les modèles élaborés ou utilisés par les thérapeutes sont le produit de leur imagination

– laquelle, par bonheur, est généralement fertile et bien informée. Il est essentiel de créer des modèles de ce genre pour tenter de comprendre et de définir l'univers complexe des relations amoureuses. Les couples qui ne se disputent jamais, tout comme les couples qui n'ont que des échanges acariâtres, peuvent être heureux pour les mauvaises raisons, parce que leur faible estime de soi les empêche de voir que leur relation pourrait être bien meilleure. Cela dit, quelle que soit votre condition, je vous encourage à ne pas mettre fin à votre mariage ou à votre relation, car l'amour que vous partagez pourrait très bien s'avérer « suffisamment bon » si vous consentez à faire l'effort qu'il faut pour l'amener à maturité.

Chapitre 8

Exorciser les fantômes du passé pour guérir les blessures et les besoins développementaux carencés de votre enfant intérieur

On ne peut amorcer une relation authentique qu'après avoir mis un terme à ses relations originelles.

– G. I. GURDJIEFF

Le passé ne meurt jamais. Il vit toujours dans le présent.

– WILLIAM FAULKNER

De lourds fantômes traînent dans les draps défaits de notre mémoire.

– PAUL HOOVER, *THEORY OF MARGINS*

Un jour, quelqu'un a demandé à l'humoriste George Carlin (qui est décédé récemment) quel âge il avait. Après avoir réfléchi un instant, Carlin a répondu: «Je suis un, deux, trois, quatre, cinq, six.» Ce que j'ai compris de cette blague, c'est qu'il se donnait la liberté de régresser à l'âge qu'il voulait. Ce qu'il ignorait, c'est que l'être humain est *plus enclin* à régresser jusqu'à un point de son développement où ses besoins développementaux n'ont pas été satisfaits, que ce soit attribuable à l'abandon, à la négligence, à la maltraitance, à des événements traumatiques ou à l'enchevêtrement émotionnel avec un parent. Et cela durant la période où le cerveau de l'enfant était prêt à assumer des tâches développementales normales pour son âge.

En tant qu'adultes, nous assouvissons nous-mêmes nos besoins, ce qui n'est pas le cas de l'enfant. Parce que l'enfant vit tourné vers l'autre, il est totalement dépendant de sa source maternelle ainsi que de son propre potentiel narcissique. Mais pour bénéficier de ce potentiel narcissique, l'enfant doit pouvoir regarder le visage de sa source maternelle et voir dans celui-ci *le reflet de lui-même*. C'est ce qu'on appelle la « réflexivité ».

L'identité de l'enfant commence à se développer à travers la stabilité émotionnelle et la présence de ses sources maternelles, ainsi que par le biais de cette réflexivité qui sera pour lui la source fondamentale de son potentiel narcissique. Si la source maternelle ne satisfait pas suffisamment ce besoin, l'enfant souffre d'un déficit développemental qui altérera sa personnalité : il s'efforcera alors d'attirer l'attention sur lui ou d'être admiré, ce qui exigera de lui énormément d'énergie. Bien des gens qui font ce que je fais – c'est-à-dire écrire des livres, donner des conférences, faire des émissions à la télé – ont vécu ce genre de blessure narcissique. C'est pourquoi nous apprécions tant l'admiration et les accolades que nous vaut notre travail.

Les besoins développementaux carencés sont inconscients

L'individu n'a pas conscience de ses besoins développementaux carencés. Il est important de le mentionner, car en tant qu'adultes, nous ne savons pas que nous avions des besoins cruciaux étant enfants. Mais ces besoins n'en étaient pas moins réels. Ils étaient même essentiels à notre survie. Le cerveau primitif que nous a donné la nature n'est pas axé sur la réflexion ou la pensée ; la partie du cerveau où réside la conscience, le néocortex, s'est développée plus tard dans le courant de l'évolution humaine. À titre de thérapeute, mon travail consiste à solliciter la part consciente de votre cerveau pour examiner ses zones inconscientes.

L'influence du développement originel

C'est pendant la petite enfance que s'amorce ce que plusieurs appellent « seconde naissance » ou « naissance psychologique » de l'individu. Cet affect inné qu'est la curiosité mobilise alors la « force vitale » de l'enfant, l'incitant à toucher et à explorer son environnement. L'enfant a une perception innée de ce qu'il est et donc, il veut faire les choses à sa façon. Il cherche à affirmer son autonomie en disant « non » ou « je ne veux pas ». Les enfants en bas âge ont tendance à faire des colères et à s'approprier les choses en disant « C'est à moi ! ». Ces comportements, qui sont souvent désagréables, témoignent d'un besoin développemental mal géré, mais ils ne font pas moins partie des besoins de base qui forgent notre identité et notre « Moi authentique ». Pour survivre, l'enfant doit apprendre à devenir distinct, à *se séparer*. Dans son évolution, l'humain doit passer d'un soutien environnemental à un soutien autonome.

L'enfant cherchera tôt ou tard à faire des choses par lui-même. Le parent n'a pas à s'inquiéter, car sa progéniture ne s'aventurera pas bien loin : l'enfant est alors au stade de l'attachement oppositionnel, ce qui signifie qu'il est conscient d'être lui-même tout en étant extrêmement dépendant des parents. C'est ce qu'on appelle « contre-dépendance ».

Si l'enfant voit ses besoins développementaux satisfaits au moment opportun sans être sujet à des punitions humiliantes, il ne régressera pas, une fois adulte, aux stades primaires de l'évolution qu'il aurait dû connaître étant enfant. Dans ma pratique, j'ai souvent observé ce genre de régression avec l'un ou l'autre des partenaires réclamant davantage d'attention ou luttant désespérément pour s'approprier ce qu'il considère comme étant son dû.

Les besoins de l'enfance qui n'ont pas été comblés persistent dans l'âge adulte. On pourrait les considérer comme des « trous noirs » qui déforment le présent et exigent une quantité énorme d'énergie pour être assouvis, ce qu'ils tenteront de faire tant que les problèmes auxquels ils sont reliés ne seront pas réglés. Un individu qui a un sérieux problème développemental carencé demeure au stade qui lui a fait défaut jusqu'à ce qu'il confronte sa carence.

Pourquoi tant insister sur la notion de dépendance ? Parce que les gens prennent trop souvent celle-ci pour de l'amour. Les thérapeutes sont quotidiennement confrontés à des clients qui confondent les deux. Et cette confusion est d'autant plus évidente chez les individus qui parlent de suicide, qui ont tenté de se suicider ou qui sont tombés en dépression profonde parce que la personne qu'ils aiment ne partage pas leurs sentiments. On les entend d'ailleurs souvent dire qu'ils ne peuvent pas vivre sans elle ou sans lui.

Dans son fascinant best-seller *Le chemin le moins fréquenté*, le psychiatre et auteur M. Scott Peck raconte comment il réagit quand un patient lui tient un tel discours : « J'explique au patient que ce qu'il décrit là n'est pas de l'amour, mais du parasitisme. Quand deux personnes s'aiment vraiment, elles sont tout à fait capables de vivre séparément. Si elles vivent ensemble, c'est *par choix*, et non parce qu'elles sont incapables de vivre seules. »

Bien que nous ayons tous des besoins qui découlent d'une dépendance, quand la dépendance s'exprime de manière pathologique, elle relève alors du trouble psychiatrique. Le plus courant des troubles émotionnels est sans doute le « trouble de la personnalité passive dépendante ». Les individus ainsi affectés veulent désespérément être aimés, et ils déploient tant d'énergie dans cette quête qu'ils n'ont eux-mêmes plus la force d'aimer. Leurs blessures affectives ont creusé en eux un grand vide qui réclame à être comblé, mais comme ce vide est un puits sans fond, ces personnes sont condamnées à se sentir éternellement incomplètes. Peck définit la dépendance névrotique comme « l'incapacité d'un individu à se sentir entier ou à fonctionner adéquatement s'il n'a pas la certitude qu'une autre personne s'occupe activement de lui ». On a beaucoup écrit à ce sujet au début des années 1980. À cette époque, on appelait cela « codépendance ».

Beaucoup de livres ont été écrits sur la dépendance dans le contexte familial. Or, nous savons maintenant que lorsqu'un individu a une dépendance importante (à l'alcool ou à la nourriture, par exemple), le reste de sa famille, et plus particulièrement son conjoint ou sa conjointe, devient codépendant. Trente-cinq années de recherches ont été consacrées aux troubles extrêmes de dépendance et à la manière dont la famille développe une dépendance ou une accoutumance envers la personne affectée, de même qu'à la substance dont elle abuse. Les travaux innovateurs de Pia Mellody, Claudia Black et Melody Beatty nous ont appris que dans une famille, il ne peut pas y avoir de dépendance sans codépendance. La personne dépendante et son codépendant sont tous les deux pris dans une relation ou un mariage névrotique.

Les systèmes familiaux

Le psychiatre Murray Bowen a mis au point une théorie systémique des fonctions et dysfonctions familiales (théorie que j'ai présentée dans mon livre *La famille*) dans laquelle il a identifié la « différenciation du soi » comme étant l'aspect le plus critique dans le fonctionnement d'un individu. Le but principal de la famille devrait être de permettre à ses membres de se différencier, de développer leur identité et leur indépendance. Chacun de nous a quelque chose de différent, une unicité qui fait que je suis moi et que vous êtes vous. Les parents qui ont plusieurs enfants ne manquent jamais de souligner le fait que chacun d'eux a sa propre personnalité, sa propre identité, et ils sont étonnés de voir quels intérêts particuliers ils ont, quelles orientations ils prennent ou quels choix de carrière ils font.

Soutien autonome et soutien environnemental

Le fondateur de la thérapie Gestalt, Fritz Perls, dit que le but de la vie est de passer du soutien environnemental au soutien autonome, que cette démarche est essentielle pour que nous puissions devenir une entité distincte. Le soutien autonome signifie que l'on vit de façon indépendante, en se différenciant du reste de sa famille. Mais pour accomplir cette différenciation du soi, la personne doit avoir une conscience aiguë de ce qu'elle est, de son identité, qui sera différente de celle que lui a attribuée sa famille d'origine. Différente aussi des attentes que son père et sa mère ont projetées sur elle. La différenciation n'est par ailleurs possible que si les besoins développementaux de la personne ont été suffisamment satisfaits dans son enfance. Au cours des dernières décennies, il m'est apparu que les enfants qui grandissent dans un foyer où il y a une dépendance à l'alcool ou à d'autres substances deviennent des adultes au Moi indifférencié, parce que leurs parents n'ont pas répondu à leurs besoins développementaux. Ces « adultes enfants », pour les appeler ainsi, peuvent régresser à tout moment jusqu'au stade de leur développement où il y a eu blocage. Toujours en manque d'amour et d'affection, leurs besoins développementaux étant carencés, tour à tour ils aiment puis cessent d'aimer, et ils sont sujets plus que la moyenne à souffrir de dépendances émotionnelles ou de toxicomanies. Les adultes enfants qui s'engagent sur la voie du mariage connaissent la plupart du temps une union désastreuse. À moins qu'ils ne travaillent à restaurer leur Moi et à acquérir une meilleure conscience d'eux-mêmes, ils restent coincés en état de stress post-romantique.

Au tout début de ses recherches, Bowen a observé que chaque individu tend à choisir un partenaire dont le niveau de différenciation est identique ou similaire au sien (les fanatiques de sport n'ont pas l'habitude de fréquenter les amateurs d'opéra, par exemple). Dans ma pratique, j'ai traité une foule d'individus qui avaient choisi comme partenaire amoureux une personne qui répondait très précisément à leurs besoins développementaux carencés.

Le psychologue Harville Hendrix a observé pour sa part que la plupart des gens choisissent un partenaire qui leur rappelle la ou les figures originelles qui les ont maltraités dans l'enfance. En d'autres mots, l'enfant intérieur blessé qu'il y a en chacun de nous est en quête d'un partenaire amoureux qui ressemble et agit comme le parent qui n'a pas répondu à ses besoins, ou comme la figure originelle qui l'a abandonné, maltraité, négligé ou enchevêtré à elle. Cette concordance qui fait que deux personnes se sentent « passionnées » s'effectue non seulement sur les plans physique et émotionnel, mais aussi au niveau de la chimie physiologique. Hendrix croit que les expériences vécues avec les figures qui sont à l'origine de nos carences forment en nous une image, une sorte de « cartographie de l'amour », qu'il nomme *imago*.

La nature déteste le vide, aussi l'enfant en nous continue-t-il de chercher dans l'âge adulte à combler ses besoins carencés. C'est ce qui fait que nous tombons amoureux lorsque nous croyons, même inconsciemment, avoir trouvé le ou la partenaire qui ressemble le plus au parent ou à la figure originelle qui nous a fait défaut. Pourquoi gravitons-nous vers ce type de personne ? Tout simplement parce qu'elle nous paraît familière. Lorsque deux adultes enfants sentent qu'il y a une chimie entre eux, ils ont l'impression d'avoir été faits l'un pour l'autre. Durant la période d'extase qui marque le début de la relation amoureuse, tout semble effectivement parfait ; plus la blessure émotionnelle est importante chez les deux partenaires, plus grande est l'intensité amoureuse du schéma romantique. Mais attention : l'autre versant de l'équation est que plus forte est cette intensité, plus sévère sera l'état de stress post-romantique une fois l'effet de l'élixir PEA-dopamine estompé. Et une fois cette euphorie disparue, chaque partenaire revient à son niveau de carence originel, sans aucune idée de ce qu'il doit faire pour transformer son amour en une relation intime et mature.

Jetez de nouveau un coup d'œil au diagramme 7C. Au Stade 2 du développement de l'amour mature se trouve le mot « blocages » et juste à côté, « problèmes conflictuels ». Ce sont là les besoins développementaux carencés qui constituent le bagage émotionnel de chaque partenaire. Dans le cours sur la famille d'origine que je donnais à l'Université Southern Methodist, j'utilisais deux diagrammes très simples pour faire comprendre à mes étudiants la différence entre une famille fonctionnelle et une famille dysfonctionnelle. La théorie des systèmes familiaux identifie le couple comme le noyau central de la famille. Or, nous avons vu qu'une famille ne peut être plus fonctionnelle que le couple, marié ou non, qui en est le centre.

Carl Jung a fort bien formulé cela en disant : « Dans une famille donnée, la chose la plus dommageable pour les enfants est la "vie non vécue des parents". » Si Jung fait référence à plusieurs choses lorsqu'il parle de cette vie non vécue, il ne fait aucun doute qu'il songe entre autres choses aux besoins développementaux carencés des parents : ces besoins inassouvis du père et de la mère sont un déficit, une lacune, un vide qui cherche à être comblé. Le conjoint « émotionnellement exigeant » veut que son ou sa partenaire prenne soin de lui, mais comme ce partenaire est aussi carencé que lui, les deux parents se disputent de manière infantile ou se tournent vers leurs enfants pour combler leur manque. Dans un couple, quand l'un des partenaires (ou les deux) affiche des besoins développementaux carencés, la relation est qualifiée d'« immature ».

Ici, le père et la mère puisent dans leurs propres ressources pour combler leurs besoins, et leur relation est équilibrée – je l'ai dit et je le répète, la relation parentale est la principale composante de la famille. Dans un scénario comme celui-ci, le père et la mère s'emploient activement à guérir les besoins développementaux carencés de leur enfant intérieur. En d'autres mots, ils ont fait le deuil de leurs besoins carencés et s'appliquent désormais à en prendre conscience et à les réparer.

Diagramme 8A:

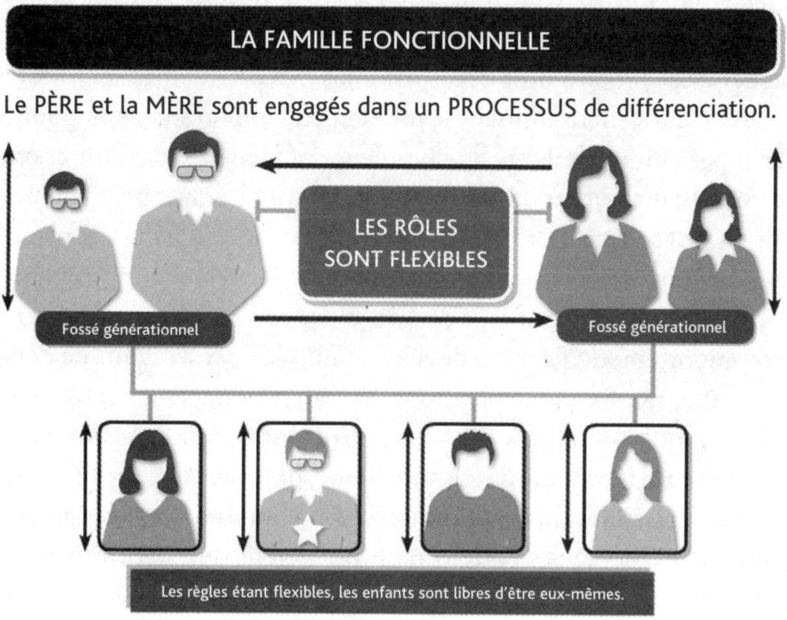

Le mariage est une psychothérapie

Le mariage a ceci de bon qu'il permet à chacun des partenaires de solidifier son Moi et de guérir les blessures de son passé. Selon Harville Hendrix, le mariage serait même une forme de psychothérapie. Dans une famille fonctionnelle, le père et la mère sont des adultes qui ont complètement intériorisé l'émerveillement, la curiosité, la résilience, l'humour et l'amour des autres qui sont le propre de l'enfance. L'enfant blessé en eux a fait place à « l'enfant émerveillé ». La véritable maturité incorpore tous les traits de l'enfant intérieur du passé ; c'est ce qui permet à l'adulte d'agir « comme un enfant » sans manifester aucun signe de puérilité.

Les enfants peuvent aussi aider leurs parents à réparer leurs besoins développementaux carencés. Au fil de son évolution, chaque enfant active les mêmes stades de développement que ses parents ont traversés, et cet exemple vivant motive le parent à s'attaquer à ses propres problèmes irrésolus.

Le fossé générationnel est un élément important de la famille, car il permet aux enfants de vivre leur enfance sans devenir enchevêtrés à leurs parents. Le fossé générationnel empêche également que ne se forme une relation triangulaire dans laquelle les parents utilisent un de leurs enfants pour faire diversion aux problèmes conflictuels qui minent leur couple. Nous connaissons tous ce genre de comportement : la mère devient obnubilée par les cours de danse de sa fille, tandis que le père, pour sa part, se concentre totalement sur les prouesses de son fils au baseball. En somme, chaque partenaire évite l'autre en investissant toute son attention sur l'enfant.

Dans une famille fonctionnelle, il n'y a pas de règles rigides et absolues, et le rôle des parents n'est pas strictement défini. Ainsi, le père peut à la fois être le soutien financier et s'investir dans les tâches ménagères, et vice versa pour la mère. Dans une famille dysfonctionnelle, c'est tout le contraire : les rôles parentaux sont soit absolument rigides soit complètement chaotiques.

Les lignes de démarcation

Sur mon diagramme de la famille fonctionnelle, les lignes de démarcation verticales symbolisent le « travail » que le père et la mère font, chacun de leur côté, pour voir à l'assouvissement de leurs besoins personnels. Tout près d'eux se trouve leur enfant intérieur, symbole indiquant que chaque partenaire est conscient de ses blessures passées et de la présence en lui d'un « enfant émerveillé ». Dans la famille fonctionnelle, les blessures émotionnelles des parents ne sont plus inconscientes. Les trois traits horizontaux qui séparent les parents ont une autre signification : les lignes extérieures indiquent que la mère peut être vulnérable au père tout comme le père peut être vulnérable à la mère ; la ligne centrale est là pour illustrer le fait que chacun a une intimité que l'autre doit respecter.

Ici, chaque conjoint accepte d'être vulnérable, mais aussi scrupuleusement franc et honnête vis-à-vis de son partenaire. Chacun accepte également d'allouer à l'autre l'espace intime dont il a besoin pour être libre et grandir.

Le fossé générationnel

Le fossé générationnel qu'il y a entre les parents et leurs enfants est un élément absolument crucial de la famille. Le père et la mère ont besoin d'avoir une vie en dehors du noyau familial qui continuera de s'épanouir une fois que leurs enfants auront grandi et quitté le foyer parental.

Diagramme 8B

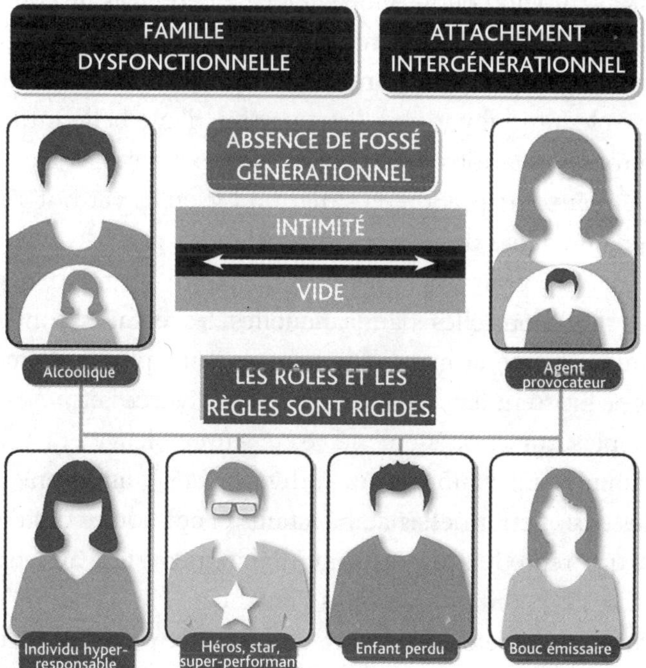

Dans le film *Tous les espoirs sont permis*, Arnold et Kay n'ont pas su entretenir leur relation, si bien qu'ils n'avaient pas de vie qui leur soit propre après que leurs enfants, devenus adultes, eurent quitté la maison. Ils étaient tels deux navires étrangers se croisant dans le désert de l'océan. Je crois qu'il est essentiel dans une famille où il y a des enfants que le père et la mère s'accordent au moins un soir de sortie par semaine – cela devrait même être pour eux un rituel sacré. Ils ne doivent pas oublier que leur couple est l'élément central de la famille et qu'à ce titre, ils doivent entretenir leur relation afin qu'elle reste forte et continue d'évoluer. Les parents qui vivent exclusivement pour leurs enfants font cela parce qu'ils ont peur d'établir une plus grande intimité dans leur couple.

Les enfants chouchoutés

Bien des parents font aujourd'hui l'erreur de faire passer leurs enfants avant leur couple, alors qu'idéalement, c'est le contraire qui devrait se produire. Les enfants qui observent chez leurs parents une relation aimante et intime ont devant les yeux un excellent modèle qui, dans le futur, favorisera l'instauration d'une belle intimité dans leurs propres relations amoureuses. Cet exemple les aidera également à mieux comprendre la situation lorsqu'ils verront s'estomper l'extase amoureuse du schéma romantique.

Bien qu'il y ait en Amérique du Nord un grand nombre de familles fonctionnelles dans lesquelles les enfants sont témoins de l'amour intime et mature de leurs parents, plus de la moitié des mariages finissent en séparation ou en divorce, et 17 pour cent des couples qui choisissent de rester ensemble vivent une union malheureuse. La majorité des individus qui grandissent dans ces familles dysfonctionnelles manifestent à l'âge adulte des comportements qui reproduisent ou sont directement liés aux problèmes familiaux qu'ils ont connus dans l'enfance.

Au diagramme 8B, j'ai tenté d'illustrer le plus simplement possible la dynamique et le fonctionnement d'une famille dysfonctionnelle. Revenant au diagramme 8A, nous voyons que les enfants sont libres d'être des enfants. La psychologie évolutionniste nous dit que, si l'humain a l'enfance la plus longue de tous les êtres vivants, c'est en partie parce qu'il doit vivre pleinement son enfance et prendre le temps de se préparer à devenir un adulte responsable. L'enfant humain doit avoir le loisir d'explorer le monde qui l'entoure tout en jouissant des joies de l'enfance – avoir des amis, jouer, exprimer sa curiosité, etc. Le jeu est le travail de l'enfant, une sorte de répétition en préparation à la vie adulte. Quand les parents comblent *leurs propres besoins* en employant les ressources de leur couple, ils ne sont pas en état de manque et ne se tournent donc pas vers leurs enfants pour pallier leurs besoins développementaux carencés. En fait, c'est plutôt le contraire qu'on observe en pareille situation : les besoins des enfants sont comblés par les parents ; les enfants peuvent en fait se fier à eux pour qu'ils remplissent cet office. Le diagramme 8B montre comment les choses se passent dans une famille où les parents sont « carencés » : le parent carencé siphonne l'énergie de son conjoint qui est alors plongé en état de besoin et, devenant carencé à son tour, il ne peut rien lui donner en retour. Les parents carencés siphonnent l'énergie de leurs enfants qui, de leur côté, ne sont pas outillés pour comprendre ce qui se passe.

La famille du diagramme 8C est paralysée, figée autour de l'alcoolisme du père. Chacun est engoncé dans un rôle rigide qui ne laisse aucune place à la communication, à l'écoute et au ressenti. Deux des enfants sont enchevêtrés émotionnellement dans la relation de leurs parents, coincés dans un attachement intergénérationnel. La fille a remplacé l'épouse dans son rôle auprès du père, et le fils remplit ce même rôle auprès de sa mère. Les parents se tournent vers leurs enfants pour résoudre leurs conflits conjugaux.

Sur le diagramme 8B, on voit que chaque parent a en lui un enfant intérieur, ce qui indique qu'ils ont des besoins développementaux carencés non résolus et sont donc des adultes enfants. Au diagramme 8C, nous avons un père alcoolique qui, dans son enfance, a été abandonné par son propre père, et qui aujourd'hui consacre toute son énergie et son attention à sa fille aînée. Elle est la prunelle de ses yeux et compte beaucoup plus pour lui que sa propre épouse. La fille aînée devient en fait le troisième élément d'une relation triangulaire qui vise l'exclusion de la mère : le père se concentre sur sa fille parce qu'il ne veut pas faire face aux problèmes de son couple. Pour être plus précis, l'enfant intérieur négligé du père espérait que sa femme serait la mère qu'il n'a jamais eue, or il est déçu qu'elle n'ait jamais réussi ou consenti à remplir ce rôle.

Diagramme 8C

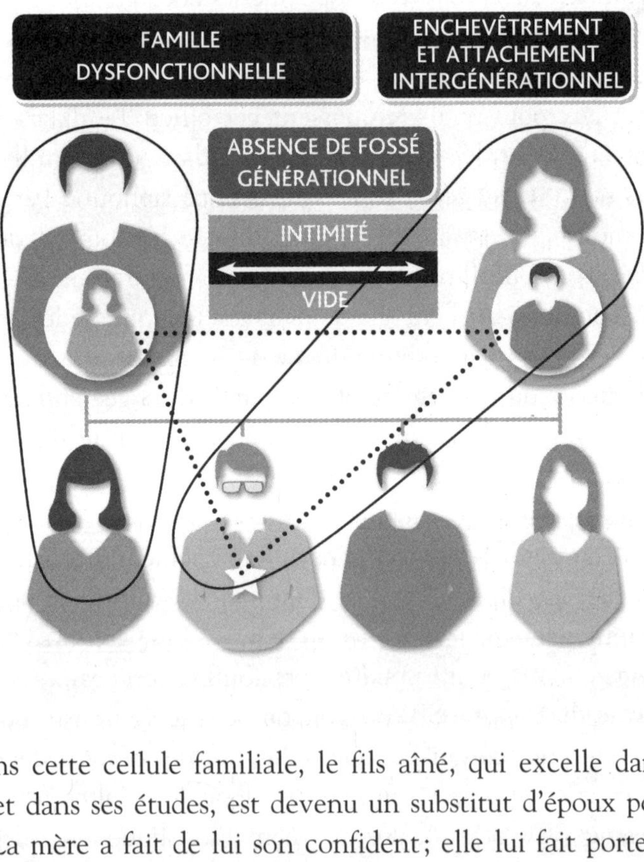

Dans cette cellule familiale, le fils aîné, qui excelle dans les sports et dans ses études, est devenu un substitut d'époux pour la mère. La mère a fait de lui son confident ; elle lui fait porter une partie du fardeau de ses problèmes conjugaux, dont les problèmes d'ordre sexuel.

Le troisième enfant de la famille, un garçon, est distant et introverti et réussit mal à l'école. Il est en état de carence du fait que ses parents sont enchevêtrés avec sa sœur et son frère aîné. Le troisième né a typiquement pour rôle de se préoccuper de la relation de ses parents, par conséquent il se trouve complètement dépassé par la situation. La dernière née de la famille se dirige elle aussi vers un échec scolaire; c'est une fautrice de troubles qui a déjà été impliquée dans des bagarres et a été prise plusieurs fois en flagrant délit de vol à l'étalage. Elle est le bouc émissaire de la famille, et de cette manière joue un rôle important au sein de la cellule, puisque les seuls vrais contacts qu'ont son père et sa mère surviennent lorsqu'ils doivent se démener avec ses frasques.

Les couples qui sont à la tête d'une famille dysfonctionnelle doivent absolument régler les besoins non résolus qui proviennent de leur famille d'origine. Dans mes dernières années de pratique thérapeutique, je détournais rapidement les couples que je traitais de leurs chicanes puériles pour les amener à se concentrer sur les problèmes conflictuels liés à la famille d'origine de chacun. Le père du diagramme 8C n'avait pas encore fait le deuil de l'abandon dont il avait été victime de la part de son propre père. Portant la honte que son père aurait dû ressentir, il se sentait imparfait et insuffisant, ce qui l'a poussé vers l'alcoolisme. Un parent qui, comme le père de cet homme, n'éprouve aucune honte et agit de manière égoïste, oblige sa victime (l'enfant) à porter la honte qui aurait dû être sienne. Le père du diagramme 8C ne pourra pas aimer et rejettera toutes les personnes qui l'aiment tant que son propre père n'aura pas pris conscience de ses lacunes et ne les aura pas exprimées.

Dans l'historique de cette famille, la mère était tombée amoureuse du père à l'âge de dix-huit ans et était très rapidement tombée enceinte de lui. Très religieuse, sa famille l'avait contrainte à épouser le jeune homme. Tout de suite après son mariage, elle était tombée en état de stress post-romantique. Puis elle avait eu d'autres enfants. Voyant son ESPR empirer au fil du temps, elle s'est tournée vers son fils aîné, un enfant intelligent et doué, pour assouvir ses besoins carencés. Même si le fils voyait l'attention de sa mère comme une chose positive et valorisante, il se trouvait en réalité happé dans la relation dysfonctionnelle de celle-ci, ce qui l'empêchait de vivre son enfance. La mère de ce jeune homme n'avait jamais connu de lien d'attachement solide avec sa propre mère, une victime d'inceste qui n'avait jamais suivi de thérapie, qui était devenue alcoolique et restait alitée la plupart du temps. La mère de la famille dysfonctionnelle des diagrammes 8C et 8B avait trop honte d'elle-même pour réclamer l'amour et le soutien dont elle avait besoin. Elle avait appris très tôt à ne pas demander quoi que ce soit et à ne pas exprimer sa pensée. Lorsqu'elle était tombée amoureuse du garçon qui deviendrait son époux, l'enfant blessée dans son corps adolescent avait cru que cet amoureux serait son protecteur, qu'il l'aimerait et s'occuperait d'elle aussi bien que l'exigeaient ses besoins développementaux carencés. Mais une fois l'effet du cocktail PEA-dopamine estompé, ils étaient tous deux tombés en état de stress post-romantique, et son mari avait régressé au stade du petit garçon qui n'avait jamais fait le deuil de la trahison de son père ni de l'alcoolisme de sa mère. Leur couple se trouva dès lors condamné, chacun étant prisonnier de ses besoins inassouvis.

Au début de ce chapitre, j'ai cité cette phrase de Paul Hoover : *De lourds fantômes traînent dans les draps défaits de notre mémoire.* J'espère que vous comprenez maintenant sa signification. Pour qu'une relation dysfonctionnelle devienne fonctionnelle (ce qui est tout à fait possible), il faut que chaque conjoint règle les problèmes d'abus, d'abandon ou de maltraitance qu'il a vécus et comble ses déficits développementaux. Plus simplement, chaque partenaire doit faire le deuil de son enfance malheureuse et des blessures qu'elle lui a causées.

Dans *Retrouver l'enfant en soi*, je trace le parcours d'un individu de la naissance au début de l'âge adulte et montre comment il doit s'y prendre pour guérir de ses besoins développementaux carencés.

Bien qu'il puisse vous être utile de faire les exercices qui vous sont proposés dans ce livre – ou encore de participer à un atelier portant sur la guérison de l'enfant intérieur –, la meilleure solution est néanmoins la thérapie. Mais attention, il est important que vous choisissiez un thérapeute qui a lui-même fait le travail d'introspection nécessaire pour guérir des blessures de son passé, car ce n'est qu'après avoir complété cette démarche qu'un thérapeute pourra vous aider à faire le deuil de votre enfance et de ses besoins carencés, et à accéder à vos émotions et à vos affects réprimés. Pour aller de l'avant, vous devez en finir avec votre passé et vous différencier de votre famille d'origine. Il y a dans la Bible un verset qui dit : « Je ne suis pas venu apporter la paix, mais l'épée… Je suis venu mettre la division entre l'homme et son père, entre la fille et sa mère… Et l'homme n'aura d'autres ennemis que les gens de sa maison » (Matthieu 10:34).

Ce que ces paroles signifient, c'est que ce n'est qu'après avoir quitté physiquement et émotionnellement le foyer familial que l'on peut véritablement devenir un individu adulte. Cette manifestation d'indépendance aide la personne à grandir, tout comme le deuil lui permet d'en finir avec le passé. Vient un temps où il faut mettre de côté les choses de l'enfance. Comme le disait l'humoriste Mort Sahl : « Ma femme et moi on est restés ensemble à cause des enfants. Et les enfants, c'étaient elle et moi ! » Quand deux personnes immatures (adultes enfants) se mettent en couple, c'est comme si deux enfants de six ans essayaient de fonder un foyer, d'engendrer et d'élever une progéniture avec toutes les responsabilités que cela suppose.

Même si ce n'est pas tout le monde qui a des problèmes graves hérités de sa famille d'origine – et j'espère sincèrement que ce n'est pas votre cas –, des tas de gens se coltinent au jour le jour avec des problèmes de carence. Ils vont en thérapie pendant des années sans jamais véritablement travailler à régler ces problèmes une fois pour toutes. Aux souffrances que nous ont causées l'abandon, les sévices et la maltraitance, il faut qu'il y ait un deuil. C'est la meilleure façon de guérir nos blessures. Mais il y a un écueil : bien qu'il soit difficilement envisageable qu'un individu puisse cicatriser les plaies de son enfance en moins de deux ans, nous vivons dans une culture qui favorise la nouveauté et la solution facile, et donc très peu d'entre nous sont prêts à consacrer à une telle entreprise de guérison le temps qu'elle mérite. Une foule de gens sont complètement inconscients du fait que les blessures irrésolues de leur enfance contaminent leur vie présente et exacerbent leur ESPR.

En appendice de *The Intimacy Factor*, livre qu'elle a écrit en collaboration avec Lawrence S. Freundlich, Pia Mellody expose les grandes lignes d'un programme de réduction des émotions qu'elle a élaboré au centre de traitement The Meadows. C'est une approche intéressante, cependant je ne recommande à personne d'entreprendre ce genre de travail sans l'aide d'un thérapeute ou d'un psychologue. Dans *Retrouver l'enfant en soi*, j'ai dit qu'il faut comprendre et respecter le travail des professionnels avant de s'y risquer soi-même. Dans mes ateliers sur l'enfant intérieur (auxquels plus de 350 000 personnes ont participé à ce jour) nous affectons plusieurs thérapeutes à chaque groupe de six participants, ce qui augmente considérablement l'effet et l'efficacité de cette démarche. L'encadrement, ici, est très important. Cet aspect de mon travail m'a valu de recevoir plus d'un demi-million de lettres de remerciement, sans compter les témoignages de gens qui ont vu leur vie changer. Il s'agit d'une formule éprouvée, dont on ne doit pas minimiser l'impact.

Le processus Hoffman

Pour s'affranchir de son passé, on peut en outre avoir recours au processus Hoffman. Conçu à l'origine par Bob Hoffman à la suite de discussions avec le psychiatre Siegfried Fischer, ce processus qui est employé un peu partout dans le monde (et que Hoffman expose plus en détail dans l'ouvrage *Quatre étapes pour commencer à vivre*) se déroule toujours sous la supervision de professionnels. Cette méthode remarquable aide véritablement les gens à se dépouiller de leur colère et de leurs blessures, et à pardonner aux personnes qui leur ont fait du mal. Marion Pastor offre un excellent résumé du processus Hoffman dans son livre *Anger and Forgiveness : An Approach that Works*.

La thérapie Imago

Harville Hendrix, que j'ai mentionné précédemment, a créé la thérapie relationnelle Imago, très efficace elle aussi pour alléger les souffrances émotionnelles du couple. Fondateurs de l'Institut de thérapie relationnelle Imago de Dallas, au Texas, Hendrix et son épouse, la docteure Helen Lakelly Hunt, exposent les grandes lignes de cette approche thérapeutique dans *Le couple, mode d'emploi*, ouvrage qui a été en première position des *best-sellers* du *New York Times* dans sa version anglaise. L'Imago repose sur le principe que nous portons tous en nous une image gravée des « figures-sources » qui nous ont élevés dans notre enfance, ou en d'autres mots, que nous intériorisons un assemblage des traits positifs et négatifs de nos parents et des autres personnes importantes de notre vie. Cette image est essentiellement inconsciente, néanmoins elle nous pousse à choisir un ou une « partenaire imago » qui, dans notre inconscient, est le reflet du ou des parents qui nous ont fait du mal. Soucieux d'assurer notre survie, notre cerveau primitif nous oriente vers ce partenaire dans l'espoir que nous réglerons avec lui les traumatismes que nous avons vécus avec les parents originels. Comme nous l'avons soulevé plus tôt, la nature déteste le vide, de même notre énergie inconsciente tendrait-elle vers la résolution de ces conflits.

La théorie de l'Imago ne diffère pas des autres théories qui tentent d'expliquer les mécanismes de l'attirance amoureuse chez l'humain, en ce sens qu'elle accorde une place prépondérante à l'imaginaire. Dans la pratique, la thérapie Imago s'est avérée très efficace. Je crois pour ma part que cette image inconsciente, cette cartographie de l'amour que chacun de nous façonne, nous oriente effectivement vers un partenaire amoureux plutôt qu'un autre, mais il faut ajouter à cela l'impératif biologique : s'il n'y a pas de compatibilité quant à l'ADN et l'HLA avec lui, alors nous ne ressentons pas d'attirance. Cette réaction inconsciente est là pour assurer la diversité de notre patrimoine génétique et minimiser les risques de maladies congénitales.

La thérapie Imago peut très certainement aider les couples à résoudre les conflits qui surviennent au premier stade de l'état de stress post-romantique, à un moment où les règles et les rituels dont chaque partenaire a hérité de son système familial peuvent causer des antagonismes au sein du couple. Ainsi que l'avance la théorie de l'Imago, nous sommes attirés sentimentalement vers les personnes qui ressemblent le plus à celles qui nous ont négligés, maltraités ou abandonnés, ou avec qui nous avons connu un enchevêtrement émotionnel. Alors que je parle plutôt de blocages liés à la famille d'origine, Hendrix nomme « impasse » la période qui suit la passion amoureuse initiale. Peu importe les termes employés pour le définir, le Stade 1 de l'état de stress post-romantique est une étape cruciale à franchir pour le couple, car c'est en la traversant que les partenaires renforceront le lien qui les unit. La thérapie Imago peut se révéler très efficace en ce sens : elle permettra aux partenaires d'exorciser les fantômes du passé, de résoudre les traumatismes issus de l'enfance qui contaminent la santé de leur couple. En guérissant l'enfant intérieur blessé, l'Imago permet à « l'enfant émerveillé » de s'exprimer – un processus que je décris plus en détail dans *Retrouver l'enfant en soi*. Et vous, croyez-vous avoir atteint la maturité ? Avant de répondre à cette question, réfléchissez à cette phrase du docteur James Hollis, qui est reconnu à la fois comme auteur et thérapeute : « Seules les personnes adultes sont capables d'entretenir des relations saines. Mais attention, le fait que votre corps a cessé de grandir et que vous avez un bon travail ne signifie pas que vous êtes mature émotionnellement » (*Why Good People Do Bad Things*).

Chapitre 9

Surmonter les blocages de la famille d'origine et apprendre à discuter

Peu importe ce que vous vouliez dire, la réaction que vous provoquez représente l'essence de ce que vous avez communiqué.

– PRINCIPE DE PROGRAMMATION NEUROLINGUISTIQUE

Chercheur reconnu dans le domaine des relations amoureuses, John Gottman a écrit: « Certains conflits contribuent à la sauvegarde du couple, car en vérité ils ont un effet thérapeutique. Les unions qui perdurent sont celles où les partenaires expriment avec respect leurs différends et doléances. » La clé d'une relation heureuse et stable réside en partie dans la manière dont les conjoints discutent ou, irais-je jusqu'à dire, se disputent. Le couple qui veut vivre une relation harmonieuse doit nécessairement apprendre à surmonter sainement ses divergences d'opinions, peu importe que cette résolution s'acquiert dans le calme ou dans un échange plus tendu. L'exploit n'est pas aussi difficile qu'il en a l'air: dans les faits, n'importe qui peut facilement apprendre à intégrer et à appliquer une stratégie de résolution de conflits apte à transformer son couple.

Au diagramme 7B, nous avons vu les six problèmes relationnels fondamentaux qu'il faut régler pour arriver à l'amour mature. Le fait est qu'on ne peut pas amorcer ce cheminement avant que le couple soit rendu dans son évolution au schéma de l'attachement, qui est le fondement des stades de développement énumérés au diagramme 7C. Nous avons tous besoin d'une figure d'attachement stable et fiable qui sera le modèle de notre soutien émotionnel. Je crois que c'est la présence d'une telle figure d'attachement qui a permis à Gottman, et à d'autres également, d'observer des couples qui fonctionnaient bien même s'ils dérogeaient d'une manière ou d'une autre des principes psychologiques inhérents à une relation saine. Ces couples atypiques avaient une chose en commun: ils étaient très liés, chacun des partenaires étant pour l'autre un point d'attache. Gottman et ses collègues ont ainsi identifié trois types de relations de couple.

Les évitants: jamais en désaccord

Il y a des couples qui s'entendent sur le fait qu'ils ne s'entendront jamais. Ils n'ont l'un pour l'autre que du respect et des mots doux. Quand on les voit, on se dit que ce n'est pas possible qu'ils pensent toujours la même chose et ne se disputent jamais. Dans les couples de ce genre que j'ai traités, chaque partenaire semblait intuitivement savoir quand venait son tour d'accepter le compromis, de baisser les bras, de capituler. Je ne parle pas d'une relation où un des partenaires contrôle totalement l'autre et où il n'y a jamais d'opposition: les couples dont je parle savent faire la part des choses et sont prêts à faire des compromis. Chose étrange, la majorité d'entre eux me consultaient à cause de problèmes qu'ils vivaient avec leurs enfants. Il y a eu, par exemple, le cas d'un enfant victime de taxage à l'école et un autre au sujet d'un enfant dyslexique. Les parents de ces enfants n'avaient rien à redire au sujet de leur couple, pourtant je soupçonnais que les parents de l'enfant victime de violence ne lui avaient jamais inculqué d'aptitudes de résolution de conflits. Ses parents n'ont plus eu recours à mes services après que j'eus souligné la chose et que je leur eus proposé d'explorer la question.

Les forts en gueule

J'ai aussi connu des couples qui adorent la chicane, au point où ils n'hésiteront pas à s'engueuler en public. Ces partenaires sont toujours en réaction l'un avec l'autre : ils parlent de plus en plus fort, deviennent agités, s'emportent, mais semblent savoir exactement jusqu'où aller, s'arrêtant juste avant de complètement humilier l'autre – un peu comme les parents de George Costanza dans l'émission *Seinfeld*. Gottman affirme que les couples de ce genre sont nombreux.

La validation ou légitimation des émotions

Le modèle de la validation, dans lequel chaque partenaire accepte et légitime les émotions de l'autre, est à mes yeux une méthode si claire et rationnelle que je ne comprends pas pourquoi tout le monde n'en fait pas usage – mais que voulez-vous, dans la vie, les gens ne choisissent pas toujours la façon la plus simple ou la plus logique de procéder. Je vous présenterai maintenant une méthode élaborée par moi et par d'autres collègues qui a pour but de permettre aux couples de discuter et de résoudre leurs conflits d'une manière proactive et constructive qui ne passe pas par l'humiliation de l'autre. Vous pourrez en juger par vous-même.

Les problèmes d'avant l'amour

Les niveaux de testostérone ne sont pas les seuls à revenir à la normale lorsque le cocktail PEA-dopamine perd son efficacité. D'autres substances qui contribuaient à l'extase amoureuse retournent elles aussi à leur niveau originel, amenant l'individu à renouer avec des aspects de sa personnalité qui s'étaient faits moins manifestes durant le schéma romantique. C'est à ce moment que toutes ces petites habitudes, tous ces petits défauts de votre partenaire que vous trouviez si charmants au début se mettent à vous tomber sur les nerfs. Les différences entre les hommes et les femmes, bien qu'elles ne soient pas aussi polarisées qu'on voudrait nous le faire croire, peuvent à ce point-ci s'avérer sources d'antagonisme. Les problèmes d'incompatibilité sur lesquels on ne s'est pas attardé pendant la période d'euphorie amoureuse apparaissent soudain. À l'étape du schéma romantique, les amoureux abordent rarement des sujets chauds tels que la politique, la religion, la famille, l'argent ou les différences ethniques. Mais lorsque l'enivrant élixir de substances chimiques du schéma romantique s'estompe, ces préoccupations remontent à la surface en même temps que les traits et les travers dont chaque partenaire a hérité de sa famille d'origine (voir diagramme 7B). Ces « règles familiales » tantôt claires, tantôt plus obscures sont bien souvent à l'origine des disputes qui surviennent au Stade 1 de l'état de stress post-romantique. Elles ont aussi quelque chose de pernicieux, parce que d'une part, elles nous semblent *familières* et d'autre part, nous avions rarement conscience de leur existence dans notre enfance.

L'emprise de ces règles qui sont logées dans notre inconscient et nous imposent une façon d'être et de faire se fait plus forte après la naissance d'un enfant. Ma femme et moi formons un couple harmonieux qui s'entend sur bien des choses. Or, quelle ne fut pas ma surprise lorsque je découvris, après la naissance de notre fille, que nous n'étions pas toujours d'accord sur la manière de l'élever ! Mon approche méthodique, basée sur les livres et les connaissances théoriques, se trouvait souvent en opposition à l'intuition et au bon sens maternel de mon épouse.

Prédire le divorce

On dit que John Gottman pouvait prédire si un couple divorcerait ou non dans les trois années à venir – ce qu'il a fait avec un taux de réussite de 90 pour cent lors de deux expériences impliquant cinquante couples différents. Sur quoi se basait-il pour en arriver avec tant de justesse à une telle conclusion ? Tout simplement, il portait une attention particulière à ce que disaient les partenaires à propos du début de leur relation, et il observait leur façon de communiquer. Gottman a identifié quatre comportements nocifs – ce qu'il appelle « les quatre cavaliers de l'Apocalypse » – qui sont susceptibles de porter entrave à une relation. Les couples qui ne font rien pour contrer ces quatre manières destructrices d'interagir et de communiquer finissent souvent par se séparer ou divorcer. Le diagramme 9A énumère les étapes qui marquent l'escalade de la négativité dans un couple. En premier vient la *critique*, qui, si elle persiste, mène au *mépris*. Le partenaire fautif critique les comportements de l'autre, portant sur eux un jugement qui vise à humilier et à dénigrer celui-ci. Ces attaques tendent à blesser la personne au plus profond de son être, et si elles se poursuivent, le partenaire qui en est la cible en viendra à considérer l'autre comme une dangereuse menace et n'aura d'autre choix que de se distancier de ce conjoint corrosif par le biais de divers mécanismes de défense : il cessera de l'écouter, se repliera sur lui-même et se désinvestira de la relation tant physiquement qu'émotionnellement.

Diagramme 9A : les quatre cavaliers de l'Apocalypse

La critique : jugement négatif du comportement de l'autre.

Le mépris : jugement négatif et humiliation de l'autre en tant que personne.

L'attitude défensive : manque d'écoute, perte de contact et d'empathie.

Le repli : être évasif, se renfrogner, refuser de parler, se séparer.

Au fil de leur descente sur les paliers de cette dégénérescence, les partenaires commencent à formuler une image absolument négative de leur relation. Chacun a l'impression que c'est lui la victime et l'autre l'agresseur. (Je suis un fervent admirateur de John Gottman et de son épouse, la docteure Julie Schwartz Gottman, et je vous recommande vivement de lire leurs livres. J'assume l'entière responsabilité de toute interprétation inexacte que j'aurais pu faire ici de leurs travaux.)

Les Sept D capitaux

Avant même de lire Gottman, j'avais créé un modèle exposant les étapes de dégénérescence d'une relation amoureuse. J'ai nommé ce modèle « les Sept D capitaux », en référence bien sûr aux sept péchés capitaux de la Bible. Bien que j'aie d'abord pris plaisir à chercher les mots commençant par « D » qui décriraient chaque étape, l'exercice m'a paru moins amusant lorsqu'il m'a rappelé combien destructeur et dévastateur le divorce de mes parents avait été pour moi, ma sœur et mon frère. Mon modèle incorpore deux éléments du système de Silvan Tomkins, soit le dégoût et le *dissmell* (dégoût olfactif), deux affects initialement ressentis comme un dédain physique lié au goût et à l'odorat, et donc à la nourriture. L'odorat joue un rôle important dans l'attirance physique, encore plus important sans doute que ce que laissent supposer les données scientifiques que nous détenons actuellement. Au fur et à mesure que l'être se développe, le dégoût olfactif et le dégoût deviennent des agents protecteurs, ou jalons sociaux – le *dissmell* en particulier est associé aux préjugés et à une forme d'élitisme. Avançant sur l'échelle des Sept D capitaux, les partenaires en viennent à éprouver du dédain à l'égard de certaines odeurs et de certains aliments, dédain qui dégénérera plus tard en dégoût olfactif – à ce stade, il n'est pas rare de voir un des partenaires dénigrer l'autre en critiquant son hygiène corporelle. La lente glissade d'un couple vers le divorce m'est apparue la plupart du temps comme un processus relativement long, mais immédiatement suivie de ces affects que sont le dégoût et le dégoût olfactif.

L'odeur de l'autre

« Je ne peux pas supporter son odeur. Je ne veux pas qu'il s'approche de moi. » Voilà ce qu'une épouse m'a dit un jour au sujet de son mari. Le dégoût semble toujours venir après le *dissmell.* Le « je la mangerais tout rond » du début de la relation se change alors en « il me donne envie de vomir ». Le dégoût et le *dissmell* se développent graduellement chez les couples en difficulté, et plus particulièrement ceux qui ne font rien pour renverser la vapeur. Ces deux affects marquent généralement la fin de la vie sexuelle du couple, si ce n'est la fin du couple tout court. Le psychiatre Donald Nathanson a écrit ceci au sujet du dégoût olfactif : « Il n'y a pas de mariage, de partenariat d'affaires ou de relation de quelque nature que ce soit qui puisse survivre à l'apparition du *dissmell.* »

Mes propres observations m'ont révélé que les étapes de ce cycle de négativité s'enchaînent automatiquement, à moins que les partenaires fassent quelque chose pour rectifier la situation et restaurer leur relation. Le partenaire victime de dénigrement qui ne fait rien pour se défendre et convaincre l'autre de cesser ce comportement joue en réalité un rôle très actif dans la situation : il contribue à l'empirer. Plus on descend dans l'échelle des Sept D capitaux, plus la négativité est intense. Quand le dégoût et le dégoût olfactif se pointent le bout du nez, le divorce n'est jamais bien loin. Le couple en difficulté qui veut que son union survive et s'épanouisse doit interrompre le plus rapidement possible son avancée sur ce sentier destructeur.

Lorsqu'un couple arrive aux stades de l'attitude défensive et du repli, la relation stagne et peut se terminer à tout moment. Durant la première vague d'ESPR, un des partenaires ressent vis-à-vis de l'autre une colère passive-agressive qui se manifestera parfois sous forme de remarques désobligeantes critiquant son comportement.

Si le couple n'entreprend aucune démarche pour stopper la tendance, celle-ci s'intensifiera progressivement pour prendre un jour la forme d'attaques personnelles visant à rabaisser et à dénigrer l'autre.

L'humiliation est le principal objet de ce type de communication ; or, elle a pour effet d'engendrer une réaction de lutte ou de fuite chez la personne visée. L'attitude défensive et le repli engendrent progressivement dégoût et *dissmell*. Il est possible qu'à ce point-ci, les partenaires se créent une image absolument négative de l'autre ou de leur relation. Le *dissmell* et le dégoût provoquent en chacun une répulsion physique pour l'autre et pour son corps. J'ai vu des cas où les Sept D capitaux se succédaient très rapidement. Je me souviens d'un jeune couple qui en était déjà aux stades du dégoût et du *dissmell* la première fois où ils sont venus me consulter. Prenant la parole la première, l'épouse a dit : « Je suis certaine qu'on serait plus proches s'il apprenait à se servir de son truc dégoûtant. » Par truc dégoûtant, elle entendait bien sûr son pénis. Elle avait dit cela en plissant les narines, les joues creuses et la langue appuyée contre les dents.

« C'est tellement grand là-dedans que je ne sais plus de quel côté aller, avait rétorqué le mari. Et puis souvent ça pue ! » Chacun avait lancé ça en riant comme si c'étaient des blagues, mais croyez-moi, il n'y avait rien de drôle là-dedans. Ça ressemblait plutôt grandement à de la cruauté. Et ce n'était que leur première consultation ! Ils ont fait deux autres séances avec moi, puis ne sont jamais revenus.

La pestilence et la famine

Bien d'autres couples sont arrivés chez moi dans cet état, en faisant mine d'éprouver de la répulsion l'un pour l'autre. *La pestilence et la famine*, voilà le nom que je donne au *dissmell* et au dégoût, ces deux signes annonciateurs de la fin d'une relation. Et si ce ne sont pas tous les couples qui divorcent dans le sens légal du terme, il y a assurément divorce sexuel et divorce émotionnel. Ils en ont fini l'un avec l'autre et concluent ensemble un pacte non verbal qui dit qu'à partir de maintenant, ils doivent s'éviter. Et dans tous les cas, c'est une tragédie. Les enfants qui vivent à la maison (s'il y en a) sont douloureusement conscients du fait que leurs parents se détestent et se méprisent mutuellement, même si en public ils jouent les couples heureux pour se donner bonne figure. Parce qu'ils savent qu'ils ne peuvent changer quoi que ce soit à la situation, ces enfants éprouvent un fort sentiment d'impuissance.

Quand je traite un couple qui se trouve à ce stade de son déclin, je pose la question suivante aux partenaires : « Qu'est-ce qui vous plaisait chez l'autre quand vous étiez amoureux de lui ? Que trouviez-vous de magique en lui ? » À cette question, on me répond souvent : « J'ai été dupé ! J'aurais dû me douter qu'il n'était pas tel qu'il le prétendait. » Rendu à ce point, c'est trop tard. Le philtre d'amour du début s'est changé en un poison mortel.

Diagramme 9B :
les Sept D capitaux

Il y a aussi des D positifs. Par exemple : • Dévoiler ses sentiments • Déclarer ses désirs • Discuter de ce qui nous déplaît • Divulguer les secrets qui nous causent de la honte
Quand on communique ses désirs et ses déplaisirs, on s'expose à des attaques personnelles. **Le D positif devient alors :**
• Dénigrement orienté vers le comportement du partenaire. Cette propension à la critique désobligeante doit être stoppée. **Si le dénigrement n'est pas stoppé, il mène au comportement suivant :**

• Désapprobation et Dépréciation. On attaque l'autre dans le but de l'humilier et de lui faire ressentir de la honte. **Cela mène à:**
• Une attitude Défensive et à la formation d'une image négative du couple dans l'esprit des partenaires. On se met à considérer l'autre comme un ennemi, ce qui nous plonge dans un état d'anxiété chronique et provoque des conflits verbaux en réaction. **La réaction à cela est:**
• Distance et Détachement. Les partenaires se détachent et se distancient l'un de l'autre pour diverses raisons, se disputent de façon puérile, refusent de communiquer, se font la gueule. **Si la situation n'est pas rectifiée, l'étape suivante est:**
• *Dissmell* ou dégoût olfactif, un affect qui accentue l'isolement des conjoints en suscitant le dédain. Le dégoût olfactif est l'affect primordial dans la formation des préjugés négatifs associés au genre ou à l'ethnie, ainsi que des préjugés positifs (élitisme, suprématie de la race). **Cela mène à:**
• Dégoût: la désagréable impression qu'il ou elle « vous donne envie de vomir », ce qui est l'exact opposé du « je le mangerais tout rond » de la période romantique. À ce point-ci, les partenaires ont tendance à dire que la relation « était vouée à l'échec depuis le début ».
• Désespoir: un des partenaires (ou les deux) se sent pris dans un cauchemar dont il ne voit pas la fin. Chacun croit qu'il est une victime et que l'autre est un repoussant agresseur. Cela mène généralement:
AU DIVORCE

Accepter ses différences

La capacité de discuter efficacement et d'accepter les différences entre moi et l'autre est une chose que j'ai dû apprendre au fil du temps.

Tout le monde a parfois des difficultés à bien communiquer. Le grand hypnothérapeute Milton Erickson a dit: «Personne ne comprend la même phrase de la même manière.» Ou encore: «Si ce que vous faites ne fonctionne pas, essayez autre chose.» Cette citation me plaît parce qu'elle sous-entend que chaque individu est responsable de ses actes et de sa situation. Cela semble évident, mais il est tellement plus facile de blâmer notre partenaire, nos enfants, notre patron, nos étudiants ou n'importe qui d'autre pour ce qui nous arrive.

Dans mes ateliers, je fais faire aux couples l'exercice suivant, qui commence par une histoire:

EXERCICE

Le bûcheron et sa fiancée

(Lisez l'histoire sans vous demander si c'est logique ou pas. Soyez plutôt attentif à l'impact émotionnel que le récit a sur vous.)

Jack et Jill n'étaient encore que fiancés lorsque le travail de Jack l'a conduit au plus profond de la forêt sauvage canadienne. Jack était bûcheron et, donc, devait aller là où était le travail, en l'occurrence un petit village perdu du nom de «Snake», que l'on ne pouvait atteindre qu'en traversant un pont qui chevauchait une rivière de plus de deux kilomètres de largeur et dont les eaux grouillaient de serpents, de crocodiles et de barbottes gigantesques. Le courant était fort et dangereux. Plusieurs s'étaient noyés, et il arrivait même qu'on ne retrouve jamais leur corps.

Jack et Jill s'installèrent dans une mignonne petite cabane. Les quatre premiers mois de cette nouvelle vie furent pour eux un enchantement – ils étaient amoureux et le sexe était ahurissant. Puis un jour, une tempête de grands vents emporta le pont qui enjambait la rivière. Jill fut prise de panique: Jack ne pourrait plus traverser. Il allait devoir vivre de l'autre côté dans les baraquements jusqu'à ce qu'on reconstruise le pont – une affaire de dix mois, au bas mot. Jill ne pourrait jamais survivre dix mois seule dans sa cabane.

Jill se précipita chez son ami Joshua, qui avait un petit bateau de plaisance. Elle lui demanda de lui faire traverser la rivière afin qu'elle puisse aller rejoindre Jack de l'autre côté. Joshua lui répondit qu'il n'était pas d'humeur à rendre des services, qu'il était en état de stress post-romantique et avait besoin de s'occuper de lui-même.

Jill devint au fil des jours un peu plus anxieuse. Désespérée, elle se résolut à s'adresser à Jeffrey « Jawbone », capitaine de bateau de pêche commerciale, alcoolique et coureur de jupons. Il était son dernier espoir. Déjà trois semaines et demie s'étaient écoulées depuis la dernière fois qu'elle avait vu son fiancé.

Jawbone lui répondit qu'il lui ferait traverser la rivière en bateau le lendemain matin si le temps le permettait, mais à condition qu'elle passe la nuit avec lui. À court de ressources, Jill accepta. Jawbone tint parole : le lendemain, il fit monter Jill dans son bateau, lui fit traverser la rivière, puis l'escorta jusqu'au campement de son Jack bien-aimé. Les retrouvailles des amoureux furent magiques et ils coulèrent des jours heureux, vivant avec simplicité dans la nature. Bref, tout allait bien… jusqu'à ce que Jill se mette à avoir des remords de conscience. Elle avait été infidèle à Jack, même si c'était pour être avec lui. Un soir, n'y tenant plus, elle lui raconta tout.

En apprenant la nouvelle, Jack est devenu furieux et a mis Jill à la porte. La jeune femme se retrouva dehors à demi nue, hystérique et déboussolée dans la nuit glaciale. Elle tomba par hasard sur Janzar, un étranger qui en avait eu assez de la civilisation et était venu ici pour vivre à l'état sauvage, mais aussi pour aider les gens – il faisait du sauvetage en forêt. Jill lui expliqua ce qui s'était passé. Janzar la rassura : il la raccompagnerait jusqu'au camp, sous sa protection. En arrivant au campement, lorsqu'il se trouva face à face avec Jack, Janzar lui administra la raclée de sa vie.

Dans mes ateliers, l'histoire s'arrête ici. Je demande alors aux participants de mettre les personnages du récit par ordre de préférence, partant de celui qu'ils aiment le plus jusqu'à celui qu'ils aiment le moins, en se fiant uniquement à leur instinct, sans faire de morale ou de philosophie. Je demande enfin à chacun de montrer sa liste à son partenaire.

Prenez maintenant quelques minutes pour faire vous-même cet exercice. Dans quel ordre de préférence mettrez-vous les personnages ? Personnellement, quand je l'ai fait, j'en suis arrivé à l'ordre suivant :

1. Joshua
2. Janzar
3. Jawbone
4. Jill
5. Jack

Voilà quarante ans que j'utilise cet exercice. Je l'ai fait faire à de jeunes couples, à des couples en voie de rétablissement, à des chimistes, à des entrepreneurs en construction, à des présidents de compagnie et même, dans une église baptiste, à des dames de quatre-vingts ans. Tous les ordres possibles, je les ai vus. Les octogénaires de l'Église baptiste ont presque toutes préféré Jawbone. Quand je leur ai dit que ce choix m'étonnait, l'une d'entre elles, une petite vieille de quatre-vingt-sept ans, s'est levée d'un bond pour dire qu'elle l'aimait parce que c'était un gars réglo qui ne mâchait pas ses mots.

L'intérêt de cet exercice tient dans la variété des réponses et dans ce qui les a motivées. Une fois l'exercice terminé, je demande toujours à mes groupes si l'ordre qu'ils ont choisi reflète leur expérience personnelle. La majorité d'entre eux disent que oui. Ceux et celles qui ont voté pour Jill (c'est elle qui rafle le plus souvent la première place) sont des personnes qui ont déjà vécu un rejet ou un amour à sens unique.

Je veux que vous sachiez que les perceptions et les opinions ne sont pas des choses objectives. Dans un exercice comme celui que je viens de vous faire faire, les résultats, sur des milliers d'échantillons, varient énormément. De même dans un couple, les différences que chaque partenaire perçoit entre lui et l'autre sont hautement subjectives. Tous les couples devraient prendre conscience de cela. Nous devrions tous prendre conscience de cela.

Fergus et Irène : de la crainte à la confiance

J'ai déjà traité un couple dont le mari, un médecin nommé Fergus, se montrait très inflexible envers Irène, son épouse. Nos séances leur ont permis de régler ce problème et d'en arriver à une meilleure communication et à une plus grande intimité.

Fergus était de quinze ans l'aîné de sa femme : il avait soixante et un ans et elle, quarante-six. C'était sans doute pour cette raison qu'il aimait sa vivacité et, pour le citer, « son amour du sexe ». Au moment de leur première consultation avec moi, il y avait deux ans et demi qu'ils étaient mariés. Irène était très bonne au tennis et avait commencé à prendre des leçons avec Todd, le pro du club de loisirs dont Fergus était membre. Comme Irène appréciait la compagnie de Todd autant que ses talents de professeur, elle l'invita chez elle à souper. Fergus était intimidé par ce grand gaillard musclé qui mesurait près de deux mètres et qui de surcroît avait de la classe et un sens de l'humour ravageur. Ce souper lui donnerait l'occasion de mieux jauger l'individu.

Une heure après la fin du repas, Fergus se retira dans sa chambre, se coucha et s'endormit aussitôt. Todd, quant à lui, s'attarda pour jouer au gin-rami avec Irène. À 2h30 du matin, Fergus entendit le rire de son épouse et se réveilla. « Non mais, qu'est-ce qui t'a pris de jouer au rami avec ce type jusqu'au milieu de la nuit ! s'est-il exclamé lors de notre deuxième séance. Une femme de ton âge debout jusqu'aux petites heures avec un coureur de jupons! » Durant la séance, j'ai remarqué qu'Irène éloignait son corps de celui de son mari et qu'elle refusait de discuter de la situation. Voyant que Fergus s'énervait de plus en plus et multipliait les propos désobligeants à l'endroit de son épouse, je mis fin à la séance et signifiai à Fergus que dorénavant je le verrais seul.

Le cercle de la conscience

J'ai fait plusieurs séances en solo avec Fergus. Au début, il était très fâché que je choisisse de le voir lui, et non Irène. Je l'ai laissé décompresser, validant sa détresse et lui assurant qu'il comprendrait et accepterait mieux la situation une fois que je lui aurais montré comment utiliser « le cercle de la conscience » (voir diagramme 9C). Cet outil est divisé en quatre parties: 1. Les données sensorielles; 2. l'interprétation; 3. l'émotion; et 4. l'intention. Le cercle de la conscience a été une véritable bénédiction pour mon couple, mais aussi pour les personnes que j'ai traitées ou qui ont participé à mes ateliers.

Voyant que Fergus était un homme rongé par la peur et l'anxiété, je commençai par lui faire entendre que je comprenais sa détresse. Une fois qu'il s'est senti en confiance, il s'est montré prêt à m'écouter. Je lui ai alors expliqué que j'allais lui enseigner une manière plus efficace de communiquer avec Irène. À la séance suivante, je l'ai amené à se concentrer sur l'événement qui avait déclenché son malaise, à savoir qu'il avait entendu sa femme rire et avoir du plaisir à 2h30 du matin. J'en suis arrivé à la conclusion que Fergus entretenait une angoisse diffuse liée au fait qu'il ne pouvait pas se permettre de se coucher tard: chirurgien très recherché, il devait se lever chaque matin à 4h30 pour se rendre à l'hôpital. Il ne travaillait que quatre jours par semaine, mais ces journées-là étaient extrêmement chargées.

Après que j'eus enseigné à Fergus le fonctionnement du cercle de la conscience, il a fait une première tentative en commençant par exprimer les données sensorielles: « Je me suis réveillé au *son* de sa voix. Je l'ai *entendue* rire. Quand j'ai *regardé* l'horloge, il était 2h30 du matin. » Nous sommes ensuite passés à l'étape de l'interprétation. Lors de notre première séance, celle où Irène était présente, Fergus avait accusé celle-ci de ressentir une attirance envers son prof de tennis, un jeune sportif, beau et viril de vingt-cinq ans. À force de ruminer la chose, il avait fini par s'imaginer qu'elle le trompait avec ce jeune homme, accusation qu'aucune donnée concrète ne venait corroborer. J'ai alors demandé à Fergus de dire cette phrase à voix haute comme s'il s'adressait à son épouse: « Je suis en train *d'imaginer* que tu ressens une attirance pour Todd et que tu vis une aventure avec lui. »

Nous élaborons les émotions que nous ressentons à partir des interprétations que nous faisons des données sensorielles que nous soutirons d'un événement. Sachant cela, j'ai aidé Fergus à comprendre que sa colère était liée à des choses qu'il avait inventées de toutes pièces dans son esprit, et non à ce qu'Irène avait fait dans la réalité. Oui, Irène aimait bien Todd; il avait de l'humour et c'était un bon prof de tennis. Elle avait pris plaisir à l'inviter chez elle, histoire de le connaître un peu mieux. Mais la vérité, c'est que Fergus était terrifié à l'idée que son épouse puisse le quitter pour un homme plus jeune. Je lui ai fait prendre conscience du fait que son angoisse et sa crainte étaient provoquées par le scénario fantasmatique qu'il avait imaginé. Je lui ai fait répéter la phrase suivante à voix haute, encore une fois comme s'il s'adressait à sa femme et lui disait: « J'ai tellement peur que tu me quittes ! » La dernière étape du cercle de la conscience est sans doute la plus facile: pour s'en acquitter, il suffisait que Fergus dise à Irène ce qu'il attendait d'elle. Cette quatrième étape est celle de l'intention: on demande clairement à l'autre ce que l'on veut savoir, et on lui dit ce qu'on aimerait qu'il fasse.

Lorsque Fergus s'est senti prêt, nous avons convié Irène à une séance en couple. Je les ai fait s'asseoir l'un en face de l'autre et leur ai demandé de se regarder dans les yeux. Fergus a alors commencé à s'exprimer en respectant les étapes et les principes du cercle de la conscience. Irène s'est tout de suite montrée beaucoup plus réceptive qu'auparavant. Lorsque son époux lui a dit qu'il assumait la responsabilité du scénario qu'il avait inventé, elle a avancé sa chaise pour s'approcher de lui. Lorsqu'il a exprimé sa peur qu'elle le quitte pour un autre, des larmes coulaient sur ses joues. Voyant cela, Irène s'est levée et a pris son mari dans ses bras. Elle était visiblement émue de le voir si vulnérable et voulait être *proche* de lui. Dans cet instant, l'amour qu'elle éprouvait pour lui était évident. Elle lui a expliqué qu'elle aimait bien Todd et qu'elle était fière des progrès qu'elle avait faits sous sa tutelle. Fergus lui a dit qu'il ne voulait pas qu'elle cesse de prendre des leçons avec lui. Irène a rétorqué qu'elle n'avait aucunement l'intention d'interrompre ces leçons, et a suggéré à son époux qu'il se joigne plutôt à elle et suive lui aussi des cours de tennis avec Todd. Fergus trouvait que c'était une bonne idée. L'incident était clos.

La transformation s'était opérée. Lors de notre première rencontre, Fergus se trouvait au stade de la critique : il portait un jugement négatif sur le comportement de sa femme et cherchait à la couvrir de honte (la désapprobation et la dépréciation des Sept D capitaux). Irène avait réagi en s'éloignant de lui physiquement et émotionnellement, et avait même cessé d'avoir des relations sexuelles avec lui. Au cours de notre dernière séance, Fergus s'était ouvert à Irène, ce qui avait incité celle-ci à s'approcher de lui et à le prendre dans ses bras. Je les ai revus par la suite, et ils m'ont confié qu'ils avaient repris le cours de leur vie sexuelle de manière fort satisfaisante.

Distinguer les faits de la fiction

J'ai toujours recours dans mes ateliers à cet exercice qui aide les partenaires à prendre conscience du fait que chacun projette sur l'autre son imaginaire.

EXERCICE

Opposer réalité et imaginaire dans des messages concrets

Les partenaires se font face. Chacun leur tour, ils énoncent un *fait* concernant leur partenaire (exemple : « Tu portes une chemise rouge. »). Ils formulent ensuite deux autres énoncés factuels de ce genre, pour un total de trois interventions. Puis, chacun dit une chose qu'il *imagine* au sujet de l'autre, et ces énoncés imaginaires seront eux aussi au nombre de trois. Joe pourrait commencer par : « Je vois que tu portes un chemisier bleu. » Sarah enchaînerait : « Je vois que tu portes une montre de couleur argent. » Ils poursuivront l'exercice avec deux autres échanges factuels avant de passer aux énoncés imaginaires. Joe pourrait alors dire à Sarah : « *J'imagine* que tu es une personne plutôt joyeuse. » Sarah répliquerait : « *J'imagine* que tu trouves cet exercice ridicule. » Ils poursuivront ainsi avec deux autres énoncés imaginés.

Je demande alors aux participants de s'arrêter un moment pour réfléchir aux trois choses imaginées qu'ils ont exprimées au sujet de leur partenaire. « Une fois que vous les aurez bien en tête, leur dis-je, appliquez-les à vous. » Ainsi Joe dirait : « *Je* suis une personne joyeuse. » Et à son tour, Sarah dirait : « *Je* trouve cet exercice ridicule. » Ce qui est intéressant, c'est qu'avant de commencer, Joe se sentait joyeux et Sarah avait l'impression que l'exercice serait ridicule. Dans ses énoncés imaginaires, chacun allait donc projeter ses émotions subjectives sur son partenaire. C'est un réflexe courant : dans la plupart des cas, un ou plusieurs des énoncés imaginaires exprimés peuvent s'appliquer à la personne qui les formule. En termes psychologiques, on dit que la personne projette sur l'autre des fantasmes issus de sa propre expérience. Ces projections ne sont pas toujours fausses : quand deux personnes se connaissent bien, elles peuvent formuler des énoncés imaginaires qui s'appliquent effectivement à l'autre. Mais la plupart du temps, ce n'est pas le cas : la projection est fausse. Et quand elle l'est, elle sème la confusion dans le cœur et l'esprit de la personne qui la reçoit, surtout si elle est exprimée sous forme de blâme ou de critique. Lorsque nous tenons de tels propos négatifs, bien souvent c'est une part de nous-mêmes que nous n'aimons pas ou ne contrôlons pas que nous lui attribuons.

Jetez maintenant un coup d'œil au diagramme 9C. Comme vous pouvez le voir, le cercle de la conscience part des données sensorielles (les faits) pour passer ensuite aux interprétations (qui sont bien entendu le produit de notre imaginaire ou de nos fabulations, puisque nous ne pouvons pas savoir ce qui se passe dans la tête de l'autre). Les interprétations sont suivies des émotions, puis à la fin vient l'intention (ce que nous attendons de l'autre).

Diagramme 9C : le cercle de la conscience

Il suffit d'un instant de conscience véritable pour qu'une relation sorte de l'impasse dans laquelle elle se trouve.

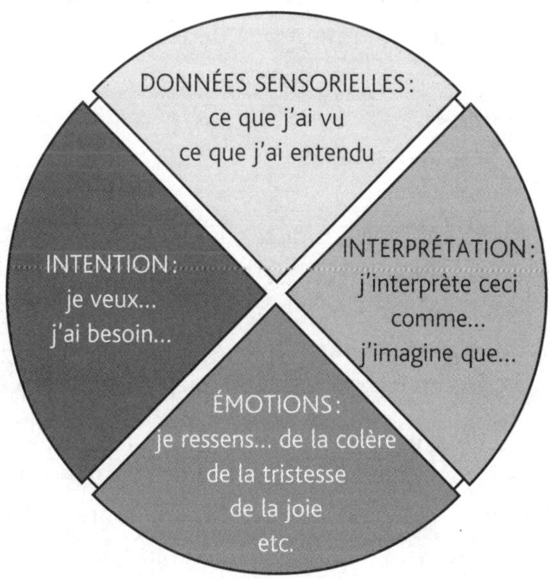

L'aspect le plus critique de ce processus est l'interprétation. Chaque fois que nous interprétons l'état ou les paroles de notre partenaire, nous fabulons, nous inventons. C'est exactement ce type de langage que nous favorisons au centre The Meadows dans nos séances de thérapie. Le patient dira par exemple : « J'ai vu (ou entendu) ceci, et ça me fait imaginer que (la personne expose ici la teneur de ses pensées fantasmatiques). Je dois tenir compte du fait que mon fantasme est une projection, et que cette projection peut être l'expression de mes besoins inconscients inassouvis ; de mon système de croyances ou de mes préjugés envers les hommes, les femmes, les homosexuels, les lesbiennes, les gens de races différentes ; ou de "l'image figée" que j'ai de mon conjoint (ou de ma conjointe) ou de la personne avec qui je suis en train de communiquer. » (Par « image figée », j'entends l'image que l'on se fait de l'autre. Cette image, au fil du temps, peut devenir très rigide et réductionniste.)

Une fois que la personne a fait une interprétation à partir des données sensorielles, cette interprétation suscite en elle une *émotion*. Si je présume ou imagine que vous êtes joyeux, cela m'amène à ressentir moi aussi de la joie – ou encore du ressentiment ou de la jalousie pour cette joie que vous ressentez. À la dernière étape du cercle de la conscience (l'intention), le partenaire exprime clairement à l'autre ses désirs et ses besoins.

Saboté par ses besoins carencés

Les besoins développementaux carencés empêchent l'individu d'utiliser efficacement le cercle de la conscience du fait qu'ils perturbent et déforment la communication. Les besoins développementaux carencés, et plus spécifiquement les expériences traumatiques, sont des scènes figées du passé qui ont laissé leur empreinte sur l'amygdale cérébelleuse, cette partie du cerveau qui se voit stimulée par les expériences, bonnes ou mauvaises, de forte intensité. En 1943, j'ai écouté à la radio une joute de football dont chaque détail reste gravé dans ma mémoire. Je me souviens par exemple qu'Angelo Bertelli était le quart-arrière de l'équipe de l'Université Notre Dame, et que c'est lui qui s'est vu attribuer le trophée Heisman cette année-là. J'ai aussi un très vif souvenir de l'instant où l'on a annoncé la mort du président américain Franklin Delano Roosevelt : je me rappelle l'endroit où j'étais, ce que je faisais, une foule de détails.

J'ai aussi de nombreux souvenirs rattachés à l'alcoolisme de mon père, des scènes douloureuses qui ont laissé une empreinte indélébile sur ma mémoire et ont engendré en moi des problèmes très lourds à porter – méfiance, colère latente, sentiment d'abandon, etc. Lorsque des scènes traumatiques du passé demeurent irrésolues, tout événement présent qui ressemble à l'événement originel est susceptible de ranimer les émotions que l'on a ressenties à ce moment-là. Et alors l'individu voit sa conscience submergée sous un flot d'émotions réprimées. Quand ça m'arrive, je cesse d'être ancré dans le présent et redeviens, émotionnellement parlant, l'enfant que j'étais, revis la peur, la colère et l'insécurité que je ressentais dans ces instants traumatisants. Toutes mes perceptions deviennent alors faussées : je ne vois plus ce que mes yeux voient, je n'entends plus ce que mes oreilles entendent. Quand je suis dans cet état, je suis incapable d'interpréter correctement le comportement de ceux qui m'entourent, puisque mon propre comportement est sous l'emprise d'émotions résiduelles ancrées de mon passé. Toute interprétation que je ferais serait gouvernée par ces émotions réprimées. Et il m'est impossible de communiquer adéquatement pour la simple raison que *je ne suis pas là*.

Dans une relation amoureuse, quand les substances chimiques qui produisent le schéma romantique retournent à leur niveau originel, les partenaires ne se trouvent plus dans un état altéré de conscience et renouent donc avec leur Moi normal ou, selon le cas, avec leur faux Moi. Les individus qui ont un Moi normal, non influencé par les scories du passé, traversent avec succès la période de stress post-romantique et apprennent à vivre sans ces doses carabinées de dopamine que leur procurait l'extase amoureuse.

L'ajustement ne se fait pas du jour au lendemain, mais nous parlons ici de personnes qui ont une bonne capacité de différenciation et d'adaptation.

Les individus qui ont un faux Moi développent tous un certain niveau de codépendance. Et ils ont tous des problèmes de communication. J'ai vu beaucoup d'hommes souffrir de problèmes d'enchevêtrement avec leur mère ; c'est comme s'ils portaient des lunettes avec le visage de leur mère imprimé sur chaque lentille. Quand ils sont en couple, ces hommes perçoivent leur partenaire à travers ce prisme déformant et envahissant, et ils continueront de répéter les problèmes qu'ils vivaient avec leur mère tant qu'ils n'auront pas fait le travail de deuil nécessaire pour quitter celle-ci (c'est-à-dire pour *réellement* quitter le foyer maternel). J'ai été marié deux fois, et toujours avec des femmes très soucieuses de leur santé. Ce qui n'était pour elles qu'une simple hygiène de vie revêtait à mes yeux la même ampleur que l'hypocondrie de ma mère. Quand mon épouse me suggérait de faire ou de manger telle ou telle chose pour améliorer ma santé, je déformais ses propos et réagissais de façon exagérée, tout cela parce que je faisais de la projection et voyais ma mère en elle.

L'imaginaire déforme la réalité

Imaginez que nous visitons ensemble un magasin d'antiquités. Imaginez de surcroît que vous êtes ma femme. Je sais que toutes ces belles choses vous font envie, mais vu notre situation, je vous demande de ne rien acheter. À un moment, je vous *vois* parler à l'antiquaire, je vous *entends* lui dire : « D'accord, je vous appelle demain. » Ces données sensorielles m'amènent à formuler une interprétation : je suis convaincu que vous avez l'intention d'acheter quelque chose. Je tourne et retourne ce scénario fantasmatique dans mon esprit, tant et si bien que je finis par me mettre dans une colère noire. En sortant de la boutique, je vous dis ce que j'ai vu et entendu, et je vous exprime l'interprétation que j'en ai faite ; je vous dis que je me sens en colère et que je *veux* savoir quelles sont vos intentions.

L'incident que je viens de décrire, je l'ai vécu avec mon épouse en Irlande.

Pour bien gérer ce genre de conflit – c'est-à-dire pour éviter la dispute et favoriser la communication –, il faut parler au « je ». « Je » dois exprimer mon scénario imaginaire tout en communiquant à l'autre mes désirs et mes émotions. Ce « je » permettra à mon ou à ma partenaire de mieux comprendre ce que je pense et ressens, et il m'empêchera d'avoir recours à la critique et au dénigrement. En utilisant des expressions comme « j'imagine » ou « ce que je conclus de cela », je fais comprendre au partenaire qu'il s'agit là d'une interprétation personnelle et non d'un jugement ou d'une vérité absolue. Lorsque j'exprime mes besoins et mes émotions, je dévoile à l'autre ce qui se passe au-dedans de moi. Notre différend devient alors une occasion de mieux nous connaître. C'est ce qui a conduit Virginia Satir à déclarer qu'il ne peut y avoir de réelle intimité sans conflit et sans négociation des différences, et la raison pour laquelle John Gottman considère la dissension constructive, c'est-à-dire celle qui mène chaque partenaire à une meilleure connaissance de l'autre, comme étant partie intégrante de toute relation à long terme.

Ma version du cercle de la conscience est tirée d'un ouvrage de Sherod Miller, Elam Nunnally et Daniel Wackman intitulé *Alive and Aware*, un livre que je vous recommande sans réserve. Et en passant, au sujet de l'incident chez l'antiquaire, ma femme songeait effectivement à acheter quelque chose : sa mère voulait m'acheter un stylo d'époque pour mon anniversaire et lui avait demandé son avis. Mon interprétation de base était juste : ma femme prévoyait bel et bien d'acheter quelque chose, sauf que ce quelque chose était un cadeau que sa mère voulait me faire !

Les données sensorielles

Il existe deux autres outils qui peuvent nous aider à clarifier les conflits et à discuter plus efficacement. Allez jeter un coup d'œil au diagramme 9D, intitulé « Représentation de la réalité », que j'ai créé pour illustrer de manière épistémologique cette phrase de Milton Erickson : « Il n'y a pas en ce monde deux personnes identiques, pas deux personnes qui comprendront une phrase donnée de la même manière. » L'épistémologie s'intéresse à la structure des sciences, mais aussi à celle du langage, à ce qui fait que nous comprenons ce que nous comprenons. J'ai présenté ce diagramme pour la première fois dans mon livre *S'affranchir de la honte*.

Personne ne sait de quoi est faite exactement la « réalité ». Il y a plus de deux siècles, Emmanuel Kant nous a expliqué dans *Critique de la raison pure* que nous n'appréhendons pas les choses « en soi », mais que la réalité est plutôt composée de représentations et de verbalisations de nos expériences. Nous employons, pour décrire des faits ou des événements, des mots qui ne représentent pas *exactement* ces faits ou ces événements, tout comme une carte géographique ne constitue pas une réplique exacte et exhaustive du territoire qu'elle représente. Lorsque quelqu'un nous parle de quelque chose qui s'est passé, ce qu'il nous relate n'est pas l'événement en soi, mais la manière dont sa conscience l'a appréhendé. Au diagramme 9D, j'ai placé la réalité dans la colonne de gauche – des gens, une voiture, un arbre. Dans la colonne du centre, on retrouve les éléments du premier degré de représentation de la réalité, c'est-à-dire ce que je vois, ce que j'entends, ce que je touche, ce que je goûte et ce que je sens (odorat). Ce premier degré de représentation nous permet d'articuler une base de données sensorielles – c'est en effet par les sens que nous pouvons le mieux appréhender et communiquer la réalité. Vous vous souvenez de ce malentendu que j'ai eu chez l'antiquaire ? Si dans cette situation je m'étais contenté de dire à ma femme que j'étais en colère, elle n'aurait rien compris de ce qui se passait : le sens du mot « colère » lui aurait échappé puisque les mots sont associés au deuxième degré de représentation de la réalité.

Diagramme 9D:

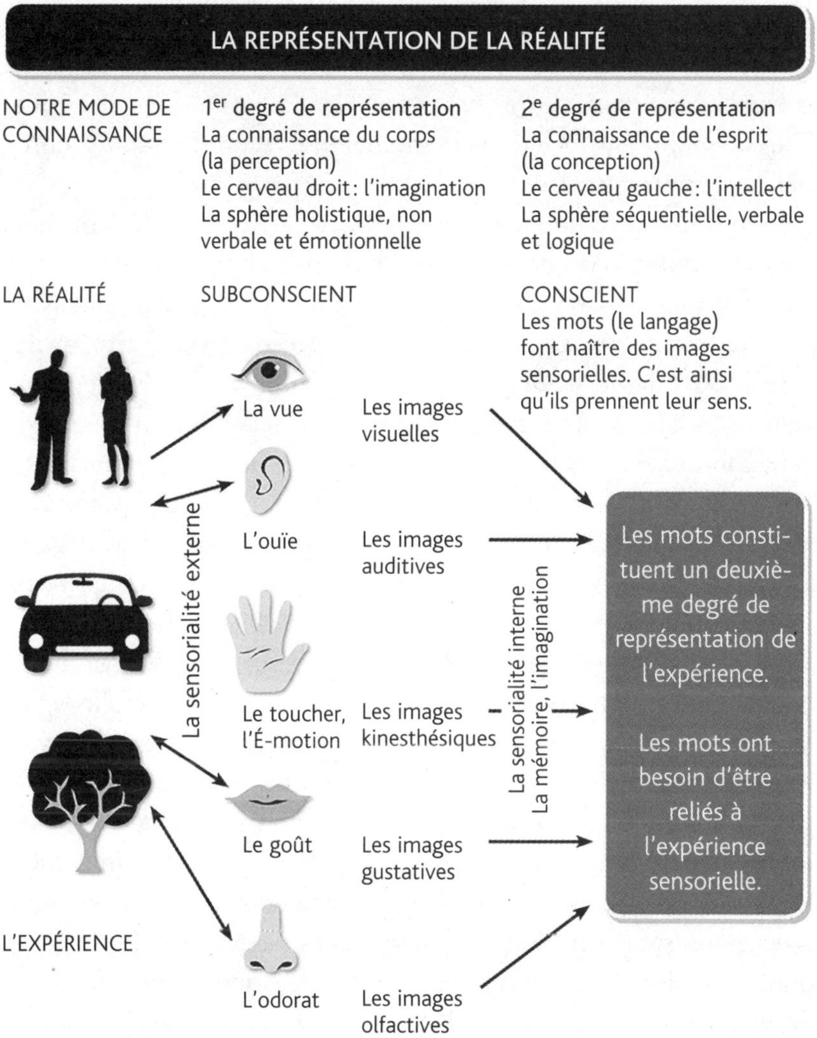

Un mot peut être interprété de plusieurs manières

Si je dis le mot « cirque » à un groupe de personnes, chacune d'elles aura sa propre représentation sensorielle de ce que ce mot veut dire : l'une verra une tente ; une autre se souviendra du goût de la barbe à papa ; une autre encore entendra de la musique de cirque. Pour ce seul mot, il y a donc de nombreuses représentations sensorielles possibles.

Un jour, lors d'une réunion, un de mes amis s'est mis à pleurer. Quand je lui ai demandé ce qui n'allait pas, il m'a dit qu'il venait d'apprendre que son chien était mort. Comme je n'avais jamais eu de chien de ma vie et que j'avais été pourchassé et mordu par des chiens dans ma jeunesse, à l'époque où j'étais livreur de journaux, je n'avais jamais vécu d'expériences sensorielles positives avec la gent canine, et donc la réaction de mon ami ne faisait *aucun sens* à mes yeux. Mon vécu sensoriel par rapport au mot « chien » me permettait uniquement d'appréhender ce mot sous un angle négatif. Du point de vue sensoriel, je n'avais aucune idée de ce que cela signifiait que de perdre un compagnon canin bien-aimé.

Un an plus tard, j'ai acheté à mon fils un chien que nous avons baptisé Culley. Au début, quand je rentrais à la maison, Culley était si content qu'il sautillait sur place et se faisait pipi dessus. J'avais longtemps rêvé d'avoir un ami comme ça, toujours emballé de me voir et qui me vouerait un amour inconditionnel – avec l'urine en moins, bien entendu. Lorsque Culley est mort, j'ai pleuré moi aussi.

Les mots que nous employons ne peuvent avoir un sens que lorsqu'ils s'inscrivent dans une expérience sensorielle. C'est pourquoi il est si important d'inclure des données sensorielles dans son discours lorsqu'on discute ou se dispute avec quelqu'un.

Pour bien saisir le sens de ce que nous dit l'autre, il faut poser des questions. Si l'autre vous dit « je n'aime pas ton frère », vous pourriez par exemple lui demander : « Qu'est-ce qui te déplaît au juste chez lui ? » Si l'autre vous répond « je le trouve arrogant », demandez : « Arrogant en quel sens ? Peux-tu me donner un exemple précis ? » Si l'autre vous dit « il m'a à peine adressé la parole dimanche quand nous étions chez toi », demandez-lui de vous décrire la situation en termes sensoriels, de vous expliquer ce qu'il a vu et entendu, ce qui pourrait ressembler à cela : « Je lui ai lancé : "Hé Bob, salut, comment ça va ?", et au lieu de me répondre, il s'est retourné et s'est mis à parler avec quelqu'un d'autre. » En vous décrivant ainsi la scène, votre interlocuteur vous fournit les *données sensorielles* dont vous avez besoin pour interpréter correctement la phrase « je n'aime pas ton frère ».

Prenez l'habitude d'inclure des données sensorielles dans votre discours. Au lieu de simplement dire « vous êtes une personne bonne et généreuse », dites : « Je vous ai vu dans la rue l'autre jour. Un sans-abri avait trébuché et vous l'avez aidé à se relever. Je vous ai vu lui donner de l'argent et je vous ai entendu lui prodiguer des paroles d'encouragement. Ça m'a fait chaud au cœur et du coup j'ai ressenti beaucoup de tendresse envers vous. » La communication la plus efficace est celle qui se base sur les sens. Au diagramme 9D, on voit très bien que les sens sont plus près de la *réalité* que les mots.

Fondateurs de la programmation neurolinguistique, Richard Bandler, Leslie Bandler, John Grinder et Judith Delozier ont conçu un système qui permet de transformer les représentations de deuxième degré, c'est-à-dire les mots, en un *langage de l'être*. Après avoir étudié pendant des années le travail de Fritz Perls, de Milton Erickson et de Virginia Satir, trois des plus grands thérapeutes et communicateurs de notre temps, cette équipe de neurolinguistes a observé que ceux-ci avaient tendance à transposer le discours des personnes qu'ils traitaient (leurs paroles, les idées et les scénarios issus de leur imaginaire) en une information sensorielle concrète qui se trouvait très proche de la réalité. Cette méthode leur permettait de comprendre très exactement ce que leur disaient leurs clients. Exempte des manies, des fabulations et des idées reçues que pouvait exprimer l'individu, la communication devenait alors d'une clarté absolue.

John Grinder et Richard Bandler ont établi un modèle de communication très intéressant que j'ai baptisé « clarificateur sémantique », tout simplement parce qu'il permet de clarifier le discours de l'autre. Ne vous laissez pas intimider par certains des termes employés : lisez les exemples et vous comprendrez très vite qu'il n'y a dans tout cela rien de bien compliqué.

Le clarificateur sémantique

John Grinder et Richard Bandler ont conçu cet outil, présenté pour la première fois dans leur livre *Frogs into Princes*, dans le but d'accroître le flot d'informations entre les êtres humains. Ils sont partis du principe que les mots n'ont de sens que lorsqu'ils sont *arrimés* à une quelconque représentation sensorielle chez l'individu. Le problème, c'est qu'entre la codification verbale de l'expérience sensorielle (c'est-à-dire le moment où la personne parle) et le processus de décodage pendant lequel l'interlocuteur qui écoute transforme le stimulus auditif en représentations sensorielles, une foule d'informations risquent d'être perdues ou déformées.

L'outil de clarification sémantique que je vais maintenant vous présenter vous permettra d'identifier les éléments linguistiques potentiellement problématiques au sein d'une conversation et de formuler des interventions qui rendront la communication plus claire et plus complète, et ce, par l'entremise d'un langage concret et précis. Mais, pour en arriver à ce langage concret et précis, il faut compléter, expliciter et clarifier les mots (représentations de second degré) qui sont flous, ce qui a pour effet de les rattacher à l'expérience concrète qu'ils représentent. Si vous appliquez ce procédé, le discours de votre partenaire se trouvera instantanément rattaché à *son* expérience, ce qui vous empêchera d'interpréter ses paroles en les faisant passer dans le prisme de *votre* expérience, ou de les déformer en les projetant sur vos propres blessures émotionnelles.

Diagramme 9E : le clarificateur sémantique

1. Omission simple : un objet, une personne ou un événement (phrases nominales ou actants nominaux) a été omis de la structure apparente.
   Exemple : Il y a dans notre relation des choses qui me déplaisent.
   Réplique : Quelles sont les choses qui te déplaisent dans notre relation ?

2. Absence de contexte référentiel : faire référence à un objet ou à une personne sans préciser de quoi ou de qui il s'agit.
   Exemple : Il y a dans cette famille des gens qui ne sont pas motivés.
   Réplique : Peux-tu me dire exactement lesquels d'entre eux ne sont pas motivés ?

3. Comparaison incomplète : un référent a été affublé d'un qualificatif (bon, mieux, meilleur, plus que, moins que, le plus, le moins), puis laissé en suspension.
   Exemple : Ce serait mieux de ne pas se mêler de ça.
   Réplique : Mieux pour qui ? Mieux par rapport à quoi ?

4. Verbe non précis : emploi d'un verbe non explicite qui nécessite que l'action soit davantage spécifiée.
   Exemple : La nouvelle femme de ménage me dérange.
   Réplique : En quoi te dérange-t-elle exactement ?

5. Nominalisation : présenter un processus en mouvance comme s'il s'agissait d'une entité statique, d'une manière qui en déforme le sens.
   Exemple : Notre relation est en difficulté.
   Réplique : Quel aspect de notre relation est en difficulté ?

6. Supposition : sous-entendu qui, s'il n'est pas remis en cause, limite les choix de l'interlocuteur dans son intervention.
   Exemple : Si tu savais tout ce que j'ai fait pour aider notre enfant dans ses devoirs, tu aurais tellement honte que tu mettrais ton chapeau et foutrais le camp !

   Il y a trois suppositions dans cette phrase :
   a. L'autre est dans l'ignorance (si tu savais) ;
   b. La personne qui parle a accompli des gestes concrets (tout ce que j'ai fait) ;
   c. L'autre devrait se sentir et agir d'une certaine manière (avoir honte, partir).

Réplique :
a. Qu'est-ce qui te fait dire que je ne le sais pas ?
b. Qu'as-tu fait au juste ?
c. Qu'est-ce qui te fait dire que je réagirais ainsi ?

7. Contingentement des nécessités et des possibilités : déclaration qui impose des règles ou des restrictions au comportement de l'individu.
   Exemple de possibilité : Je suis si fatigué que je n'arrive pas à me détendre.
   Réplique : Qu'est-ce qui t'en empêche réellement ?
   Exemple de nécessité : Il ne faudrait pas que quelqu'un sache ce que je pense vraiment de notre école de quartier.
   Réplique : Qu'arriverait-il si tu en discutais avec les personnes concernées ?

Insuffisances sémantiques

8. Rapport de cause à effet : établir un lien entre sa propre expérience et des stimuli externes qui n'y sont pas directement liés, ou sans définir clairement en quoi ils sont liés.
   Exemple : Les conseils que vous me donnez pour améliorer ma vie de couple sont très déstabilisants.
   Réplique : Qu'est-ce qui vous déstabilise dans ce que je vous ai dit ?

9. Présomption télépathique : prétendre savoir ce que pense un individu à propos de quelque chose sans en avoir discuté avec lui.
   Exemple : Mon mari ne tient jamais compte de mes besoins.
   Réplique : Pourquoi pensez-vous cela ? Croyez-vous vraiment qu'il n'a jamais songé une seule fois à vos besoins ?

N'hésitez pas à utiliser ce modèle, car il vous aidera énormément, je vous le promets. Et lisez *Frogs into Princes*, le livre dans lequel John Grinder et Richard Bandler l'ont exposé pour la première fois. Vous y trouverez une multitude d'informations intéressantes sur le sujet, ainsi que de nombreux conseils sur la manière de transformer les représentations de deuxième degré (qui sont floues et difficiles à interpréter correctement) en représentations de premier degré (données sensorielles concrètes et spécifiques).

Chapitre 10

Stade 1 : la transition vers l'indépendance

Les mécanismes de réparation en général, la restauration et l'enrichissement de la vie sexuelle en particulier

> Entre-temps, il y a des factures à payer, des machines à réparer, des verbes irréguliers à apprendre, tous ces « moments présents » qui sont là pour nous élever de notre insignifiance.
>
> – W. H. AUDEN

La docilité est un trait de caractère qui indique que l'individu a acquis une belle maturité, ainsi qu'une honte saine et non toxique. Nous avons tous énormément de choses à apprendre au sujet de l'intimité amoureuse, surtout si nous n'avons pas eu dans notre enfance d'exemples pour nous montrer ce que c'était. Les couples qui n'ont pas d'incompatibilité foncière quant à l'appétit sexuel ont à leur disposition de très bons outils pour surmonter la phase de dénigrement, de dissension et de critiques négatives qui succède généralement à l'état de stress post-romantique. J'ai nommé ces outils « mécanismes de réparation ».

Dans la section consacrée aux Sept D capitaux, j'ai mentionné que les étapes qui marquent le déclin d'un couple s'enchaînent automatiquement si les partenaires ne font rien pour renverser la vapeur. Ce qu'il faut retenir de cela, c'est que ces étapes ne s'enchaîneront que si les partenaires *ne font rien* pour changer la situation. L'avancée des Sept D capitaux doit être interrompue aussitôt que possible, sans quoi les partenaires ne tarderont pas à exprimer des comportements d'humiliation, de dépréciation et de dégradation.

Interventions suggérées

La section suivante n'est ni plus ni moins qu'une liste de suggestions destinées à réparer et à restaurer les relations en difficulté. Chaque méthode a son efficacité, mais attention, il n'y en a pas de magique : aucune d'entre elles ne fonctionnera tout le temps et en toutes circonstances. Quiconque veut obtenir de bons résultats en employant ces mécanismes de réparation doit faire preuve de *flexibilité*, mais il doit aussi se débarrasser de la rage qu'il a en lui. Ce dernier point est une condition *sine qua non* au succès du procédé. Pendant une bonne partie de ma vie, j'ai eu du mal à gérer la colère. J'ai finalement dû consulter pour régler ce problème, car j'étais sur le point de perdre l'amour de ma femme (qui est maintenant mon ex) et de mes enfants. Je vous conseille de faire de même si vous avez ce genre de problème : sollicitez l'aide d'un thérapeute ou d'un psychologue avant que la rage ne bousille complètement votre vie. Je vous recommande également de lire *The Anger Solution*, de John Lee, un ouvrage fascinant par ce qu'il nous apprend sur la régression. En utilisant la méthode TDM (*The Detour Method*) que Lee préconise, on peut aisément retracer les blocages et les traumatismes qui sont à l'origine de la colère ou la rage que ressent l'individu. Les déficits développementaux issus de l'enfance sont des pertes dont on doit faire le deuil, ce qui n'est possible qu'en s'attaquant à la colère qui gronde en nous. Cette colère fait partie du processus de deuil. Cette colère est *nôtre*, elle nous appartient, et c'est pour cela qu'on ne doit pas la déverser sur les gens qui nous entourent.

Les mécanismes de réparation

1. Parlez au « je » plutôt qu'au « tu ». Vous serez ainsi moins enclin à critiquer l'autre ou à porter un jugement sur lui.
2. Écoutez l'autre avec empathie et validez ses propos. Répétez ce qu'il vous dit, mimez ses affects non verbaux pour le mettre à l'aise et réitérez-les sous forme de données sensorielles en disant par exemple « j'ai vu tes lèvres trembler » ou « j'ai entendu ta voix s'adoucir » ou « je te sens triste » (mais sans tenter de donner à l'autre des conseils ou de lui expliquer pourquoi selon vous il est triste).
3. Évitez de généraliser en ciblant bien le problème. Dites « tu étais en retard ce soir pour souper » au lieu de « quoi qu'on fasse, tu es toujours en retard ».
4. Censurez votre discours. Omettez les mots blessants et tenez-vous-en aux faits. Dites « tu es en retard » plutôt que « t'es qu'un foutu retardataire ! ».
5. Dites à votre partenaire ce que vous *pouvez* et *voulez* faire plutôt que ce que vous ne *pouvez pas* et *ne voulez pas* faire. Au lieu de dire « tu ne veux jamais aller en voyage avec moi », dites « j'aimerais faire un voyage avec toi ». (Fournissez à l'autre des données sensorielles : « Tu te souviens du voyage que nous avons fait à Hawaï il y a deux ans ? Le sable était si doux et j'ai tellement aimé m'asseoir sur la plage avec toi pour discuter. »

6. Offrez à l'autre des commentaires positifs et valorisants, en employant des termes concrets et des données sensorielles. Au lieu de dire « tu es une bonne mère », dites : « Je t'ai vue aider Arielle à ramasser ses jouets. Tu semblais savoir qu'elle était fatiguée et tu as fait ça avec beaucoup de tendresse. »
7. Ayez pour l'autre de petites attentions, et ce, à intervalles réguliers – disons au moins quatre fois par semaine. C'est particulièrement bénéfique dans une période où le cycle de négativité gagne en intensité. Faites un geste que vous savez que votre partenaire appréciera : vous pourriez l'appeler durant la journée pour lui dire je t'aime, ou lui laisser le temps de décompresser lorsqu'il rentre de travailler.
8. Planifiez vos discussions. Décidez à l'avance du sujet et de la durée de la discussion, surtout s'il est tard ou s'il s'agit d'un sujet délicat qui a déjà été la cause de dissensions entre vous.
9. Réconfortez votre partenaire physiquement et émotionnellement. Bien souvent, un simple toucher suffit : tenez sa main dans la vôtre, placez votre main sur son bras, etc. Avant d'entamer une discussion sérieuse, faites-vous un câlin (évitez tout de même cette méthode si votre partenaire est très troublé ou en colère).
10. Faites appel à votre sens de l'humour. Rien de tel que le rire pour détendre l'atmosphère ! Vous avez sûrement dans votre sac à surprises quelques bonnes blagues ou anecdotes croustillantes qui ne demandent qu'à être racontées ; ou des mésaventures désopilantes que vous avez vécues avec votre tendre moitié, voire avec vos beaux-parents. Si vous êtes à court d'idées, puisez dans l'actualité – « Au moins, je suis plus sympathique que le maire de Toronto ! » ou encore « Ça pourrait être pire, tu aurais pu épouser Stephen Harper ! » On peut aussi se servir de l'humour pour rompre un comportement, un cycle, une habitude. Prenez soin de bien jauger la situation, cependant, car en certaines circonstances votre tentative d'humour pourrait irriter votre partenaire.

11. Sondez l'état émotionnel de l'autre. Demandez-lui comment il se sent, puis écoutez-le de façon neutre, sans vous mettre sur la défensive.
12. Ayez recours à la « métacommunication », terme compliqué qui veut simplement dire que vous discuterez à l'avance de la manière dont vous comptez communiquer, en faisant bien comprendre à l'autre que vos propos n'auront pas pour but de le blesser.
13. Convenez de marquer un « temps d'arrêt » lorsque vous sentez que vous ou votre partenaire êtes sur le point d'être submergés par vos émotions. John Gottman recommande aux couples de noter leur fréquence cardiaque au repos. Si lors d'un échange, le pouls d'un des partenaires augmente de 10 pour cent ou plus, le temps d'arrêt doit être décrété. Une pause d'environ vingt minutes est alors nécessaire pour recouvrer un rythme cardiaque normal. Profitez de cet intervalle pour aller marcher dehors, faire des exercices de respiration ou méditer. Si le temps vous manque, remettez la discussion au lendemain. (Bien que le temps d'arrêt soit un excellent mécanisme de réparation, j'ai constaté qu'il ne fonctionne pas toujours avec les couples qui en sont aux premières étapes de leur processus de réhabilitation – certains de mes clients les plus réactifs m'ont même dit que j'étais fou de penser que dans leur cas, le temps d'arrêt était une option envisageable. Les couples qui ont amorcé le processus en appliquant d'abord des mécanismes de réparation moins stressants ont pu graduellement introduire le temps d'arrêt avec succès dans leur démarche.)

Vouloir changer l'autre

La cybernétique nous a appris que la partie d'un système qui est la plus flexible est généralement la plus efficace et celle qui a le plus de chances de contrôler ce système. En thérapie, on répète souvent aux couples que l'on traite qu'on ne peut pas contraindre une personne à changer, mais malgré cela, nombreux sont les partenaires qui s'obstinent à vouloir changer l'autre. Les couples qui sont pris dans ce piège répètent sans cesse les mêmes chicanes, cycle fastidieux et improductif qui ne mène strictement à rien. Vous vous souvenez de l'histoire de Cindy et de Robert ? Elle illustre parfaitement ce type de situation, où le comportement de l'un engendre les comportements de l'autre. Ce genre d'antagonisme aveugle et cyclique, loin de faire évoluer le couple, le fait régresser. Chaque partenaire tient mordicus à changer l'autre, malheureusement il essaie de faire cela par le biais d'agissements qui incitent l'autre conjoint à rester tel qu'il est. La pensée systémique nous a donné un dicton qui s'applique tout particulièrement aux couples dysfonctionnels : *Plus ils essaient de changer, plus ils restent les mêmes.*

Cela étant dit, on peut amener son partenaire à changer, mais pour ce faire, il faut respecter cette règle que j'ai mentionnée précédemment : *si ce que vous faites ne fonctionne pas, essayez autre chose.* Pas besoin d'être Einstein pour comprendre ça.

Le collant rose à queue rouge

Je me souviens d'une cliente qui est venue me consulter – appelons-la Irma Lee – et qui se plaignait du fait que son mari arrivait souvent en retard pour le souper : au moins trois fois par semaine, il se présentait avec une demi-heure, voire une heure de retard. Irma était exaspérée de ce comportement qu'elle jugeait irrespectueux. Lorsque je lui ai demandé ce qu'elle avait fait pour rectifier la situation, elle m'a répondu qu'elle le réprimandait en le traitant de « gros con égoïste ». « Et depuis combien de temps se montre-t-il si peu ponctuel ? » lui ai-je demandé. « Oh, depuis quinze ans », a-t-elle répondu. Avait-elle essayé autre chose excepté de le traiter de gros con égoïste ? Non, m'assura-t-elle. Pas besoin d'être thérapeute pour comprendre que sa stratégie ne fonctionnait pas ! Je lui ai alors proposé de *faire* quelque chose de différent, c'est-à-dire de changer la manière dont elle réagissait à ces retards. Nous avons discuté des options qui s'offraient à elle.

Me reportant aux travaux du docteur Milton Erickson, un hypnothérapeute que j'admire beaucoup et qui est reconnu pour ses interventions thérapeutiques atypiques, j'optai dans le cas d'Irma pour une stratégie d'interruption comportementale : je lui suggérai de porter, un soir où elle s'attendait à ce que son mari soit en retard, un collant rose orné d'une queue rouge dont elle m'avait parlé lors d'une séance précédente et qu'elle avait porté lors d'une soirée thématique entre filles. Incrédule, Irma m'a demandé si j'étais sérieux, si je croyais vraiment que de porter ça allait régler le problème. Je l'ai rassurée, lui ai dit de me faire confiance. Finalement, elle a consenti, avec quelques réticences, à enfiler ce vêtement loufoque chaque fois que son mari rentrerait en retard à la maison.

Notre prochaine séance devait avoir lieu trois semaines plus tard. Lorsqu'elle arriva, Irma était d'humeur joyeuse. Lorsque son mari l'avait découverte dans cette tenue, il avait paru inquiet et l'avait longuement interrogée à ce sujet. À partir de ce soir-là, et pour la première fois en quinze ans, il n'était plus jamais arrivé en retard ! J'avais imaginé ce scénario parce que j'étais convaincu qu'après l'avoir vue vêtue ainsi, le mari se dépêcherait chaque soir de rentrer à la maison pour avoir l'œil sur elle, craignant qu'elle ne soit en train de devenir folle.

Les interventions de ce genre ne fonctionnent pas toujours – il n'y a rien qui puisse fonctionner tout le temps – néanmoins, elles ont la capacité de perturber les cycles comportementaux les plus profondément ancrés dans les habitudes du couple. Vous voulez que votre partenaire change ? Alors vous devez commencer par changer *votre* comportement. Maintenez votre nouveau comportement pendant trois mois et si après ce temps, votre partenaire n'a toujours pas changé, essayez autre chose.

Soyez imaginatif !

Il est plus facile d'instaurer des changements dans un couple quand on fait preuve d'un peu d'imagination. J'ai découvert par exemple qu'on peut enrayer la critique en y répondant par une phrase aléatoire contenant un mot obscur. À la critique « tu as encore laissé la porte du garage ouverte » on pourrait répondre « je sais, la circulation était vraiment délétère ce soir ».

Il y a cependant un moment où il ne faut plus espérer que l'autre change. Si votre partenaire n'a pas changé après que vous avez procédé à sept changements frappants dans votre comportement, en prenant soin de maintenir chaque comportement pendant trois mois, c'est sans doute qu'il ne changera jamais, peu importe ce que vous faites. À partir de là, si vous décidez que votre relation vaut tout de même la peine d'être préservée, il vous faudra accepter le fait que votre partenaire *ne changera jamais* et trouver des solutions pour améliorer votre qualité de vie. Notez toutefois qu'après deux années passées à changer soi-même sans obtenir quelque réaction que ce soit de son conjoint, on est en droit de songer sérieusement au divorce.

J'ai déjà parlé du principe de programmation neurolinguistique qui dit que, peu importe ce que vous vouliez dire, la réaction que vous provoquez représente l'essence de ce que vous avez communiqué. Ce précepte place la responsabilité de la communication entre les mains du communicateur.

Assumer ses responsabilités

À une certaine époque, j'enseignais la poésie à l'Université de St. Thomas. Dans un de mes cours, j'ai fait l'analyse de quelques poèmes de Robert Frost en me basant sur un ouvrage de référence qui expliquait comment le poète « fabrique » du sens en manipulant les mots et les sons. J'étais convaincu que ma leçon était fascinante, mais, semblait-il, même mes élèves les plus brillants n'étaient pas de cet avis : quand je fis passer à ma classe un petit examen sur ce sujet, je fus confronté à un taux d'échec de 85 pour cent ! Au début, j'étais très en colère et imputais ce piètre résultat à la paresse de mes étudiants. Puis il y eut comme un déclic dans mon esprit : était-il possible que ce soit moi le coupable, moi qui n'avais pas su communiquer efficacement à mes étudiants les principes que je cherchais à leur inculquer ? Plus j'y pensais et plus il m'apparaissait manifeste que c'était mon enseignement qui avait fait défaut. À partir du moment où j'ai cessé de blâmer les étudiants et assumé l'entière responsabilité du résultat de l'examen, j'ai pu changer mon approche à la satisfaction de tous.

Tout cela pour dire qu'un couple *peut* changer sa dynamique interne si les partenaires assument la responsabilité de leurs comportements. Lorsqu'on change sa façon d'agir, on obtient forcément des résultats différents. Et plus on a un Moi et une identité solides, plus on a de la facilité à prendre sur soi la responsabilité des choses qui nous déplaisent.

La baisse de libido

J'ai déjà dit que la réduction du taux de testostérone est l'aspect le plus critique de la fin du schéma romantique. Les substances chimiques dont le cerveau est saturé durant la période d'euphorie amoureuse entraînent une élévation radicale de la testostérone, cela indépendamment du taux de base qu'affichait l'individu avant de tomber amoureux. Si personne ne sait exactement combien de temps dure cette saturation hormonale, dans ses recherches Helen Fisher a évalué sa durée moyenne à dix-sept mois. Cela concorde avec l'avis des nombreux chercheurs qui estiment que la période d'euphorie amoureuse des couples dure de douze à dix-huit mois. Mes propres observations m'ont conduit à conclure que cette période pouvait être beaucoup plus longue chez les individus qui vivent un rejet ou n'ont jamais épousé leur partenaire. Une chose est certaine, c'est qu'une fois que les substances euphorisantes redescendent à un niveau plus bas, le désir sexuel diminue en proportion. Personne ne peut contredire le fait que, dans la vaste majorité des cas, la fréquence sexuelle diminue considérablement au fil des ans chez les couples de longue date. Les couples qui sont ensemble depuis plus de dix ans sont moins axés sur le sexe que sur l'amitié, la complicité, la sécurité, ainsi que sur l'admiration et le respect que se vouent mutuellement les partenaires.

L'arrivée d'un premier enfant

John et Julie Gottman ont mené une étude à long terme sur cent trente couples de nouveaux mariés. Le psychiatre John Gartner cite cette étude dans un article portant sur l'idolâtrie du parent envers son enfant (« Childolatry », *Psychology Today*, septembre 2014), en soulignant plus spécifiquement que les Gottman ont découvert, à leur grande stupéfaction, que les deux tiers des couples étudiés se disaient malheureux après la naissance de leur premier enfant.

Après la naissance d'un premier enfant, le niveau de testostérone des deux partenaires diminue, et plus particulièrement celui de la femme. Et cette diminution est encore plus prononcée avec la venue de chaque nouvel enfant. Chez les couples composés d'un individu à haut niveau de testostérone et d'un autre à niveau bas, l'état de stress post-romantique peut être très ravageur, surtout si les partenaires ne font rien pour trouver une solution. En surface, le partenaire à haute testostérone semble être celui qui souffre le plus, mais dans les faits, le partenaire à basse testostérone souffre énormément lui aussi, puisqu'il doit composer avec un sentiment de rejet qui s'accentue au fur et à mesure que s'allonge la période d'inactivité sexuelle. Vous vous souvenez de l'histoire de Paul et de Shirley que je vous ai racontée au prologue ? Eh bien, lorsque Paul a répondu « OK » après que Shirley lui a dit « je n'ai pas envie de sexe ce soir, juste d'affection », cela ne voulait pas dire « oui mon amour, pas de problème, tout va bien ». Parce que sa testostérone était moins élevée, Shirley allait devoir essuyer la frustration et la rage de son partenaire. Et que dire de Sandra, qui n'avait jamais plus osé amorcer l'acte sexuel dans son couple après que Colby, son partenaire, a été frappé du complexe de la Madone et de la putain ?

Il n'y a pas de solution magique

Personne n'a encore trouvé de solution magique au problème de la divergence du désir sexuel dans un couple. Bien que certains se risquent à avancer des hypothèses, les études longitudinales réalisées à ce jour n'ont rapporté aucun résultat probant. Pour ma part, je demeure optimiste quant aux chances de réussite de la sexothérapie : nous avons au centre The Meadows un programme de traitement extrêmement efficace dirigé par le docteur Pat Carnes, un pionnier en la matière. On observe souvent une exacerbation des problèmes sexuels du couple quand les différences liées à la famille d'origine et les besoins développementaux carencés de chaque partenaire ne sont pas ajustés de manière satisfaisante. Les partenaires peuvent aller jusqu'à remettre en cause l'attirance qu'ils éprouvaient l'un pour l'autre lorsqu'ils se sont rencontrés, ce qu'ils exprimeront au thérapeute par des phrases comme « je ne pense pas avoir déjà ressenti d'attirance envers lui », « je pense que j'étais immature et que je me sentais seul quand je l'ai rencontré », ou « je me cherchais à cette époque-là ».

Je suis d'accord avec le docteur Nathanson lorsqu'il dit que les conjoints qui sont au stade du dégoût et du dégoût olfactif en viennent invariablement à éprouver de la *révulsion* l'un envers l'autre. Personnellement, je n'ai jamais traité un seul couple qui ait survécu à cela. J'ai observé dans ma pratique à peu près tous les comportements liés à l'état amoureux, et plus spécifiquement les comportements de grande activité sexuelle attribuables à l'élévation de la testostérone. Les rares couples que j'ai traités qui conservaient une vie sexuelle rigoureuse – au moins une ou deux relations par jour – deux ans après leur mariage étaient extrêmement immatures, et dans tous les cas l'union s'est soldée par un divorce. Mais n'allez surtout pas prendre cela pour une vérité absolue ! Ce que je dis là se limite à mon expérience personnelle.

Revenir à la romance

La mémoire est souvent sélective, ce qui explique pourquoi les étapes finales d'une relation rendent généralement les partenaires amnésiques à l'intensité sexuelle des premiers jours. Dans les cas de divergence du désir sexuel, il est très salutaire pour les partenaires de se remémorer les premiers mois de leur idylle, la première fois où ils se sont vus, l'éclosion de leur amour. L'un comme l'autre doit verbaliser ces souvenirs dans un langage concret et avec beaucoup de données sensorielles.

Les débordements de joie amoureuse font partie du schéma romantique. Au début, les amoureux sont enjoués, rient beaucoup, s'embrassent, se couvrent de compliments et de caresses. La nuit, ils dorment collés l'un à l'autre et peuvent s'éveiller à tout moment pour faire l'amour. Les couples amoureux travaillent toujours dans le même sens. Chacun aide l'autre à résoudre ses problèmes, chacun fait de l'autre sa priorité. Le grand psychiatre Harry Stack Sullivan a défini l'amour comme le point à partir duquel la sécurité et les besoins de l'autre deviennent aussi importants que les nôtres. Aimer, c'est se préoccuper de l'anxiété de son partenaire autant que de ses propres angoisses.

À l'époque où je travaillais avec les couples, j'invitais les partenaires à souligner les expériences positives qu'ils avaient partagées. J'ai traité un couple qui se disputait constamment, mais qui parvenait tout de même à concentrer ses énergies communes sur un enfant qui présentait un déficit d'apprentissage. Les parents passaient beaucoup de temps ensemble à faire des recherches dans le but d'améliorer la condition de leur fille, se réservant également des moments à partager avec elle pour l'instruire et la valoriser.

Les comportements propres au schéma romantique sont tout particulièrement importants pour les hommes, parce qu'ils ont généralement un taux de base plus élevé en ce qui a trait à la testostérone. Le questionnaire d'Helen Fisher a révélé que les marques d'amour romantiques – lettres, poèmes, manifestations de tendresse –

étaient plus excitantes pour les femmes que pour les hommes. Pour un mâle à haute testostérone assorti à une partenaire à basse testostérone, les comportements du début, qu'il les fasse ou non pour la première fois, stimulent puissamment le désir sexuel. J'estime essentiel de faire comprendre aux couples en déficit de PEA-dopamine ce qui se passe en eux, surtout pour éviter que le partenaire à haute testostérone voie en cette diminution du désir un rejet ou la fin de sa relation.

Parler sexe

Le sexe est une chose dont il faut discuter. Il est important de verbaliser les fantasmes qui nous animent, quelle que soit leur nature. Certains manifesteront le désir de faire l'amour dans le noir, d'autres de faire ça en silence ou en disant des grossièretés. Le simple fait de dévoiler à notre partenaire ce qui nous excite sexuellement peut être un fantasme en soi.

J'ai eu des clients et des clientes qui avaient en tête un rituel bien précis. Je me souviens d'une femme en particulier, qui durant une séance a énuméré à son mari le détail de tout ce dont elle avait envie. Aussi étranges que certains désirs sexuels puissent paraître, reste que chacun de nous a une façon différente de prendre son plaisir. Votre partenaire ne peut pas deviner ce que vous voulez dans la sexualité, pas plus que dans le reste. Il en revient à vous de lui expliquer – ou de lui montrer – ce que vous attendez d'elle ou de lui. Au cours de la séance dont je parle, l'épouse a expliqué à son mari dans le détail et point par point *exactement* ce dont elle avait envie sans laisser de place à l'interprétation, à commencer par la manière dont elle voulait être embrassée. Elle a dressé à son intention toute la cartographie érogène de son territoire, précisant à son mari où aller sur son corps, quoi faire une fois rendu là et pendant combien de temps le faire. Ensuite, elle lui assura avec force détails qu'elle lui rendrait la pareille. Son ouverture porta ses fruits, puisqu'elle connut avec son époux un véritable renouveau sexuel.

N'hésitez pas à recourir à une aide visuelle pour faire passer le message. Un jour, un de mes clients a utilisé un godemichet pour montrer à sa femme comment faire une fellation à son goût. Leur vie sexuelle s'en est trouvée revivifiée.

Même si au début vous vous sentez mal à l'aise de partager vos désirs aussi ouvertement, viendra un moment où vous n'aurez plus peur de dire à votre partenaire ce que vous voulez qu'il vous fasse. Quand ça vous gratte dans le dos, vous lui dites exactement où aller pour soulager la démangeaison, n'est-ce pas ? Le même principe s'applique pour votre point G.

Oublier la Madone

Ceux parmi vous qui souffrent du complexe de la Madone et de la putain – cette voix dans votre tête qui vous dit que faire l'amour à votre femme équivaut à la souiller et à la déshonorer – doivent remplacer les fantasmes « obscènes » qu'ils nourrissent à l'endroit des autres femmes par des fantasmes érotiques axés sur leur partenaire. Cela ne se fait évidemment pas du jour au lendemain ; c'est un processus de longue haleine, mais qui peut s'avérer très bénéfique pour la relation. J'ai aidé plusieurs hommes qui souffraient de ce complexe et, dans tous les cas, le traitement consistait à changer l'orientation des fantasmes de l'individu et à réduire son anxiété par le biais de divers exercices.

Un de mes clients avait grandi dans un foyer matriarcal où il se trouvait constamment rabaissé. Or, ses fantasmes d'adulte en étaient le reflet : il aimait imaginer qu'il était l'esclave de femmes dominatrices et plus âgées. Il faisait une fixation sur les fesses et donc, les femmes de ses fantasmes exigeaient souvent de lui qu'il leur donne du plaisir dans cette zone précise. Cet homme adorait son épouse, mais ce qu'il avait vécu dans son enfance l'avait conduit à associer les plaisirs charnels à une forme d'humiliation. J'ai commencé par lui faire comprendre qu'une sexualité saine est un élément essentiel à toute relation, et qu'en procédant à quelques changements, nous allions pouvoir aiguillonner ses fantasmes autrement afin qu'il puisse jouir d'une vie sexuelle satisfaisante avec sa femme. Je lui ai ensuite demandé de s'imaginer en train de caresser amoureusement l'ample derrière de son épouse, d'imaginer que ses fesses étaient un coussin moelleux sur lequel il poserait sa tête. Je lui ai suggéré d'associer cette image à une féminité tendre et maternelle. Bon, sur le coup, tout cela pouvait paraître un peu ridicule... mais ça a marché ! Mon idée avait été de l'amener à se concentrer sur le côté maternel de sa femme, sur sa douceur naturelle, afin qu'il puisse enfin la voir comme une personne entière et associer le plaisir sexuel à elle, un être humain en chair et en os, plutôt qu'à tout un éventail de fessiers désincarnés.

Des nouvelles de Bill et de Sue

Vous vous souvenez de Bill et de Sue, le couple du chapitre 4 qui se trouvait en état de stress post-romantique ? Arrivés à une impasse sur le plan sexuel, ils sont revenus me consulter. J'ai fait quelques séances avec eux pour les aider à comprendre ce qui se passait dans leur vie sexuelle et, plus spécifiquement, pour leur expliquer qu'il est normal que le partenaire à basse testostérone se désengage sexuellement, ce qui contribue à aggraver l'ESPR du couple. Je les ai aussi informés de ce que la science avait récemment découvert au sujet des relations de longue date. Il est normal que le désir sexuel que vous éprouvez l'un pour l'autre aille en diminuant, leur expliquai-je. L'usure du temps y est pour quelque chose, mais l'arrivée d'une progéniture y participera également, puisque le niveau de testostérone des parents diminue lorsqu'ils ont un enfant. Dans l'article « Childolatry », paru dans la revue *Psychology Today*, John Gartner écrit : « Plus d'une centaine d'études ont démontré que le niveau de satisfaction conjugale chute radicalement après la naissance d'un premier enfant, et qu'on ne peut espérer qu'il se rétablisse qu'après que tous les enfants de la famille ont quitté le nid familial. » Au bout de nombreuses années d'études empiriques, John Gottman a tiré une conclusion similaire : « La plupart des unions malheureuses se sont échouées sur les mêmes rochers. Ces rochers, ce sont les enfants. »

Au début, Bill ne s'est pas montré particulièrement réceptif. Ce n'était pas le genre de chose qu'il voulait entendre. Ce qu'il souhaitait, c'était retrouver la sexualité exaltante qu'ils avaient connue au début de leur fréquentation. Il accusait Sue d'avoir utilisé le sexe pour le manipuler et le pousser à la marier. Après la naissance de leur premier enfant, le désir sexuel de Bill diminua ainsi que je l'avais prédit. Lorsque Bill et de Sue eurent leur deuxième enfant, je leur proposai des exercices destinés à raviver la flamme de leur désir. Les couples avec qui je travaillais n'acceptaient pas toujours de se prêter à des exercices de toucher ou d'intimité, mais ceux qui, à l'instar de Bill et de Sue, y consentaient avaient le courage de mettre leur orgueil de côté, ayant réalisé qu'il ne valait pas la peine de sacrifier leur couple et leur petite famille pour préserver leur amour-propre.

À l'image de bien des hommes, Bill avait peur d'exposer sa vulnérabilité – une crainte que partageait la majorité de ma clientèle masculine. Dès leur plus jeune âge, on enseigne aux garçons à cacher leurs émotions, et tout spécialement leur tristesse. Un homme, un vrai, doit être inébranlable et ne jamais montrer qu'il est vulnérable. Les hommes qui sont conditionnés de la sorte développent tous une personnalité de façade, un Moi factice et surmasculinisé. J'ai dit à Bill et à Sue que la chose la plus importante qu'ils se devaient de faire était de consacrer chaque semaine du temps à leur couple. Ces occasions spéciales devaient être concrètes et précises : un souper en amoureux les mercredis soir, un brunch le samedi, ou des activités du même genre. Il faut faire comprendre aux enfants que leurs parents ont parfois envie d'être seuls tous les deux. Il est normal qu'au moins deux fois par semaine, la porte de la chambre des parents soit verrouillée après 20 h.

Les comportements amoureux favoris

J'ai demandé à Bill et à Sue de dresser la liste des comportements amoureux qu'ils préféraient du temps où ils se sont connus. Que faisaient-ils au début de leur idylle pour attiser la ferveur sexuelle ? Je leur ai parlé de l'ocytocine et de la vasopressine, deux composants chimiques qui accentuent le toucher ainsi que le désir d'être près l'un de l'autre. Je leur ai également fait prendre un engagement formel : à partir de maintenant, ils devaient l'un et l'autre accomplir des gestes concrets pour améliorer leur vie sexuelle.

Pas l'extase, mais bien quand même

La vie sexuelle de Bill et de Sue était devenue beaucoup moins exaltante et spontanée qu'elle ne l'avait été durant la période du schéma romantique, néanmoins ils étaient prêts à faire l'effort nécessaire pour ne pas complètement perdre le contact sexuellement. Ils seraient aidés en ce sens par la vasopressine et l'ocytocine, deux hormones étroitement liées qui sont sécrétées en majeure partie dans l'hypothalamus et les gonades, et qui sont à l'origine de bien des comportements associés à l'attachement. La vasopressine serait la substance qui déclencherait l'instinct paternel chez les mammifères mâles.

L'ocytocine est elle aussi sécrétée par l'hypothalamus, ainsi que par les ovaires et les testicules. Tous les mammifères femelles produisent de l'ocytocine lors de l'accouchement. Or, il a été démontré que cette substance stimule le lien entre la mère et l'enfant, de même que le sentiment d'attachement chez l'adulte. L'orgasme et la stimulation des parties génitales durant l'acte sexuel favorisent également la production de vasopressine et d'ocytocine. L'action de l'ocytocine est primordiale du fait que c'est une substance qui sensibilise la peau au toucher et procure un sentiment de calme et de tranquillité. Elle a également un effet amnésique en ce sens qu'elle bloque temporairement les souvenirs négatifs.

Bill et Sue n'ont recommencé à avoir régulièrement des relations sexuelles que longtemps après avoir traversé leur première vague d'ESPR. Leur vie sexuelle a maintenant ses hauts et ses bas, ce qui est tout à fait normal. Ils ont continué à venir me voir pendant onze ans, de façon sporadique. Lors de leur dernière visite, tous les deux se sont dits satisfaits de leur vie sexuelle.

Le sexe oral

Au temps de mon enfance et de mon adolescence, le sexe oral était un sujet tabou. Les femmes de la génération de ma mère jugeaient cette pratique répugnante et de très mauvais goût – d'où la réaction de Kay lorsque son mari a évoqué la chose dans le film *Tous les espoirs sont permis*. Chez les jeunes d'aujourd'hui, le sexe oral est devenu une pratique courante.

Dans mes années de pratique clinique, il n'était pas rare que des femmes consultent parce qu'elles avaient des préoccupations vis-à-vis du sexe oral. Certaines s'étaient fait faire un cunnilingus pour la première fois de leur vie et, bien qu'elles aient adoré cela, elles avaient l'impression que c'était mal. D'autres venaient me voir parce qu'elles se sentaient coupables ou honteuses de prendre du plaisir à faire une fellation. Parmi ces dernières, nombreuses étaient celles qui avaient l'impression d'être vicieuses parce qu'elles avaient avalé le sperme de leur amoureux, et ce, même si cela les avait excitées au point de leur faire atteindre l'orgasme.

Le sexe oral est un acte naturel qui s'insère dans la panoplie des excitants sexuels de l'individu. Quand on est amoureux, on veut se fondre à la personne qu'on aime, au point de ne plus faire qu'un avec elle. Satisfaire l'autre sexuellement nous aide à combler ce désir.

J'ai traité une multitude de couples pour qui le sexe oral était une partie essentielle de leur vie sexuelle ; certains considéraient que de se donner du plaisir manuellement et oralement était moins menaçant que la pénétration. J'ai aussi connu bien des couples qui, tout comme Kay et Arnold dans *Tous les espoirs sont permis*, ne s'étaient jamais risqués à cette pratique – quoique dans le film, Arnold en ait manifestement envie. J'ai personnellement constaté que les exercices lors desquels les partenaires sont appelés à se toucher, à s'embrasser ou à se serrer l'un contre l'autre peuvent aider certains couples à apprivoiser l'amour oral.

Le sexe oral serait même au service des sentiments romantiques. Dans sa correspondance avec Helen Fisher, le psychologue Gordon Gallup de l'Université de New York à Albany a déclaré que ses recherches indiquaient que le sexe oral en général et le liquide séminal en particulier pouvaient attiser la passion romantique. Gallup et ses collaborateurs ont rapporté que le liquide qui entoure le sperme contient de la dopamine et de la norépinéphrine, mais aussi de la tyrosine, un acide aminé dont le cerveau a besoin pour produire davantage de dopamine (Fisher). L'éjaculat de l'homme contient de la testostérone, des estrogènes, de l'ocytocine et de la vasopressine, autant de substances qui favorisent les sentiments romantiques. Les divers estrogènes que l'on retrouve dans le sperme contribuent à l'excitation sexuelle de la femme et peuvent même l'aider à atteindre l'orgasme.

Le liquide séminal et la dépression

En collaboration avec Rebecca Burch et Steven Platek, les deux étudiants qui l'ont secondé dans ses recherches, Gordon Gallup a soumis aux archives du comportement sexuel un papier dans lequel la question suivante était posée : « Le sperme a-t-il des propriétés antidépressives ? » (*Archives of Sexual Behavior*, 13(26), p. 289-293). Les trois chercheurs suggéraient que le liquide séminal pouvait avoir sur les femmes des effets antidépresseurs, entre autres parce qu'il contient des bêta-endorphines, substances qui agissent directement sur le cerveau pour calmer le corps et l'esprit. On retrouve dans le liquide séminal les ingrédients essentiels aux trois pulsions de base dont nous avons discuté dans ce livre et qui sont liées à l'accouplement. Le schéma romantique et l'exaltation amoureuse sont le résultat d'une action passionnée et d'une énergie intensifiée, deux éléments qui ne peuvent certainement pas coexister dans la personne dépressive (Fisher).

Si je parle du sexe oral, c'est dans le but de le démystifier. Dans l'ère victorienne, le sexe en dehors du mariage était considéré comme une obscénité. Notre conception de la sexualité a beaucoup évolué depuis ce temps, et cela comprend le sexe oral, qui n'est plus considéré comme autrefois comme un acte de dépravation. Nous sommes tous des êtres sexués ; or, j'ose espérer que cette discussion vous incitera à explorer avec votre partenaire cette facette de votre vie sexuelle.

Ne perdez pas le contact – le sexe est bon pour vous

Les couples qui ont un problème avec le sexe oral ne doivent pas refuser d'en discuter, mais surtout, ils ne doivent pas pour autant cesser d'avoir des relations sexuelles. Faire l'amour renforce le sentiment de proximité et d'attachement. Si le partenaire à basse testostérone a des problèmes de libido, il sera bénéfique pour lui de voir le sexe tel *un don d'amour et de tendresse*. Pendant l'orgasme, l'homme voit son niveau de vasopressine augmenter, tandis que chez la femme, c'est l'ocytocine qui augmente. Voilà pourquoi ces substances ont été surnommées « hormones de l'amour » : elles participent à la fusion, au rapprochement et à l'attachement au sein du couple. Pour maintenir une saine relation, il est important que vous continuiez de pratiquer la pénétration. Sans compter que *le sexe est bon pour vous* ! Non seulement vous procure-t-il plaisir et excitation, il contribue également à garder votre peau, vos muscles et vos tissus en santé. L'ocytocine et la vasopressine peuvent (mais pas toujours et pas dans tous les cas) entraîner une augmentation du taux de testostérone, hormone par excellence de la romance et du désir sexuel.

En plus de renforcer le lien amoureux entre les partenaires, l'acte sexuel peut les aider à renouer avec l'énergie romantique du début de leur idylle. C'est un point extrêmement important, car l'excitation et l'euphorie que la sexualité procure empêchent les partenaires de s'enliser dans une routine monotone, dans un ennui qui incitera chacun à se concentrer sur les défauts et les lacunes de l'autre.

Entretenir la communication

Il est absolument essentiel que vous vous ouvriez à votre partenaire et acceptiez de parler librement avec lui de la vie sexuelle de votre couple. Lorsqu'un couple ne communique pas sur ce plan, le partenaire qui a un haut niveau de testostérone aura tendance à se plaindre, à houspiller et à critiquer l'autre, ce qui poussera le partenaire à basse testostérone à se replier sur lui-même et à se distancier davantage de son conjoint. Le couple se trouve dès lors engagé dans un cycle dont j'ai parlé précédemment : un partenaire devient complètement casse-couilles, tandis que l'autre s'enferme dans un mutisme obstiné.

Le principe de la volonté en tant que « force physique », que j'ai décrit un peu plus tôt, joue ici un rôle capital : c'est par l'action qu'on change la façon dont on se sent. En d'autres mots, n'attendez pas de vous sentir d'une certaine manière pour passer à l'acte. Bien souvent dans un couple, le partenaire à basse testostérone n'aura pas envie de sexe. Si outre cela, les deux partenaires s'entendent bien, s'ils acceptent de discuter ouvertement de leur vie sexuelle et s'ils se sont entendus sur le fait qu'ils doivent parfois passer à l'acte même quand l'envie manque, alors il y a de fortes chances qu'au bout du compte, le partenaire à basse testostérone prenne plaisir à faire l'amour. Les « hormones de l'amour » rempliront leur office, amenant les deux partenaires à se sentir plus près l'un de l'autre.

Quand le couple ne respire plus

Dans le film *Tous les espoirs sont permis*, le thérapeute compare le mariage de Kay et d'Arnold à une « déviation de la cloison nasale ». Tout comme les gens qui présentent ce genre de déformation au niveau du nez, les couples qui sont en phase de dégénérescence chronique ont eux aussi du mal à respirer. À ce point de leur relation, ils ne sont pas bien loin du dégoût et du *dissmell*, ces affects qui produisent en chacun une révulsion viscérale envers l'autre. Dans *Tous les espoirs sont permis*, Arnold ne s'est réveillé qu'après que le thérapeute lui a dit que sa femme lui demanderait probablement le divorce lorsqu'ils rentreraient à la maison. Arnold a alors réalisé qu'il devait vite passer à l'action.

Lorsqu'une relation atteint le troisième degré d'ESPR, le couple doit réagir rapidement et faire des gestes concrets pour se sortir de là. Il peut s'avérer difficile d'entreprendre une telle démarche sans l'aide d'un thérapeute, car bien souvent les couples ainsi affectés ne peuvent pas – ou ne veulent pas – s'extirper d'eux-mêmes de l'impasse dans laquelle ils sont coincés. À ce stade, il n'est pas rare que le schéma comportemental, qui est l'expression de sa dysfonction principale du couple, demeure inconscient ; et de nombreux partenaires ne sont pas conscients du fait que le désir en général, et le désir sexuel en particulier, sont intimement liés à l'image qu'ils ont d'eux-mêmes. Les couples que j'ai traités qui manifestaient une dysfonction sévère quant au désir n'avaient en fait envie de *rien* : ils nourrissaient très peu d'ambitions à l'endroit de leur relation et s'étaient résignés à une existence fade et monotone. Tous les aspects de leur vie, dont leur vie sexuelle, étaient marqués par une absence quasi totale de désirs.

Dans la première partie de *Tous les espoirs sont permis*, les séances de psychothérapie ne réussissaient pas à Kay et à Arnold. Ce n'est qu'après qu'ils ont complété certains exercices pratiques que leur cerveau, et par extension leurs comportements et leur façon de penser, se sont mis à changer. L'action concrète prise par Kay – quitter son mari en vue de divorcer – a été pour leur couple l'élément déclencheur d'un renouveau sexuel. Les couples qui désirent redémarrer leur vie sexuelle doivent absolument appliquer ce « principe d'action ».

Chapitre 11

Stade 2 : l'univers du « Moi », ou l'indépendance comme passage obligé vers l'interdépendance

Tu aimeras ton prochain comme toi-même.

– MARC 12:31

L'élaboration du sentiment d'identité est sans doute l'aspect le plus marquant de toute l'évolution humaine.

– DAVID SCHNARCH

Dans son très instructif ouvrage *The Dance of Intimacy*, Harriett Lerner écrit : « La résolution d'un problème relationnel dépend directement de notre capacité à aborder cette relation avec une identité aussi distincte que possible. En l'absence d'un « moi » clair, distinct et entier, la relation devient tantôt trop intense, tantôt trop distante, ou alterne entre les deux. » Cela coïncide avec ce que j'ai dit au chapitre 7, à savoir que l'objectif principal de la famille consiste à donner à chacun de ses membres les outils dont il a besoin pour se différencier, pour découvrir sa propre vocation et devenir la personne qu'il a envie de devenir.

Connais-toi toi-même

Dans la mythologie grecque, l'oracle de Delphes disait à ceux qui venaient trouver auprès de lui réponse à leurs problèmes: *Connais-toi toi-même.* Si une telle réponse pouvait sembler mystérieuse et évasive de prime abord, en réalité la connaissance de soi est une tâche herculéenne qu'il est impossible d'accomplir en solitaire. L'élaboration de l'identité est un processus développemental à part entière. Dans la petite enfance, l'enfant se reconnaît dans le visage de sa mère ou de sa source maternelle première. Son évolution se poursuit tout au long de l'enfance pour atteindre son paroxysme à la fin de l'adolescence et au début de l'âge adulte, dans ce que le grand psychologue Erik Erickson appelle la « crise identitaire ». L'individu continue de forger son identité lorsqu'il « tombe amoureux », s'attache sentimentalement à une autre personne et tente de formuler une relation amoureuse mature. Dès l'instant où on sait qui l'on est, on cesse d'accabler les autres avec nos problèmes non résolus.

Dans son livre *Le meilleur est à venir : trouver un sens à la deuxième moitié de sa vie*, le docteur James Hollis écrit: « Ce que nous ne savons pas de nous-mêmes s'avère presque toujours être un fardeau pour les autres. » Je crois que ce fardeau auquel le docteur Hollis fait référence, ce sont nos besoins développementaux carencés, nos pertes et nos blessures non résolues, ainsi que « l'ombre » telle que définie par Jung – notre inconscient, les parties de nous-mêmes que nous écartons de notre conscience et projetons sur les autres.

L'identité fabriquée et ses dangers

Tomber amoureux peut avoir des conséquences désastreuses pour l'individu qui, ne se connaissant pas lui-même, s'est fabriqué de toutes pièces une personnalité de façade. Quand une personne est amoureuse, elle devient temporairement incapable de percevoir clairement son Moi intérieur, et elle ne peut pas prendre conscience des projections qui la maintiennent dans un état de transe. De plus, lorsque nous sommes amoureux, nos projections *dépersonnalisent* la personne que nous prétendons aimer. Pas étonnant qu'il y ait de nos jours tant de dépendance au sexe et à l'amour: l'individu à qui le sentiment d'identité fait défaut, tout comme celui qui est rempli de haine pour lui-même ou de honte toxique, va d'idylle en idylle en s'efforçant d'aimer, mais il fait toujours du sujet de son amour une projection objectivée de son propre vide intérieur, réduisant son partenaire à un simple artéfact de sa psyché. Voilà ce que la nature attend de nous: que nous développions une identité saine et cohérente.

L'amour authentique

Les personnes qui sont dépourvues d'un solide sentiment d'identité sont incapables d'aimer réellement. Harry Stack Sullivan et M. Scott Peck, deux des plus grands psychiatres de la fin du vingtième siècle (et qui sont malheureusement tous deux décédés), ont formulé une définition de l'amour qui inclut la notion d'identité. Peck dit que l'amour, c'est «consentir (choisir) à élargir la sphère de ce que l'on est pour assurer notre propre croissance spirituelle ainsi que celle d'une autre personne». Sullivan estime pour sa part qu'il y a amour à partir du moment où les émotions, les besoins et les désirs de la personne aimée deviennent aussi importants à nos yeux que nos propres besoins, désirs et émotions. Seul un individu doté d'un sentiment d'identité très fort peut aimer d'une manière qui correspond à ces définitions.

Qu'est-ce que le «Moi authentique»?

Toutes les traditions spirituelles qui ont émergé de la culture humaine à travers les âges disent que chacun de nous a un Moi unique et non répétable. La plupart de ces traditions ont donné un nom à ce Moi authentique, à cette partie de nous que nos ancêtres considéraient comme immuable: elles l'ont nommé «âme». Conscient que bien des gens sont rébarbatifs aux choses spirituelles, j'ai choisi de vous présenter des études scientifiques sérieuses qui soutiennent que chacun de nous est né avec un Moi unique et authentique. Dans un récent ouvrage de psychologie évolutionniste intitulé *The Adaptative Design of the Human Psyche*, les auteurs, Malcolm Slavin et Daniel Kriegman, écrivent ceci: «Chacun de nous a dès son plus jeune âge la capacité intuitive implicite de connaître hors de tout doute certaines choses au sujet de lui-même, un ordre de motivations qui demeurent en grande partie indépendantes de l'influence formatrice et régulatrice du monde relationnel. Certains prétendent que les motivations qui nous animent sont liées exclusivement aux expériences que nous avons vécues, mais en vérité nous ne sommes pas conçus de cette manière.»

Slavin et Kriegman soulignent avec force cette capacité intuitive que nous avons de connaître notre Moi véritable. Ces deux chercheurs croient que nous négocions et renégocions constamment cette identité tout au long de nos vies: «Le Moi véritable, écrivent-ils, découle de cette capacité que nous avons d'être *seuls* même en présence d'autres personnes… et de connaître intuitivement certaines vérités irréfutables à propos de nous-mêmes.» Plus loin dans le livre, les auteurs affirment que nous pouvons sentir ce Moi véritable «à travers notre vitalité, à travers les choses et personnes qui nous font nous sentir vivants, mais aussi lorsque nous prenons conscience de la place que nous occupons au sein d'un contexte relationnel.»

Freud et la répression

Slavin et Kriegman croient que ce que Freud appelait «répression» est en fait une manifestation étroitement liée à notre Moi véritable: selon eux, nous réprimons notre Moi véritable jusqu'à ce que nous nous sentions suffisamment forts pour l'exprimer. Le psychanalyste James Hillman a écrit un livre intitulé *Le code caché de votre destin* dans lequel il donne de nombreux exemples de personnages célèbres qui ont réprimé leur Moi véritable dans l'enfance pour le laisser fleurir ensuite à l'âge adulte. On y apprend par exemple que l'amiral Perry, cet explorateur qui a découvert le pôle Nord, avait été un enfant craintif qui se risquait rarement loin des jupes de sa mère. Jusqu'à l'âge de onze ans, le matador espagnol Manolete était un garçon inquiet, timide, délicat et maladif. Tout cela changea durant l'année de ses douze ans: il devint alors obsédé par la tauromachie, un art qu'il commença à pratiquer à la fin de son adolescence. Manolete se distingua de ses contemporains en changeant la tradition de la corrida pour lui insuffler de nouveaux idéaux. Il mourut à l'âge de trente ans, encorné et éventré par un taureau nommé Islero. Mais au fil de ces trente années, l'enfant timide qu'il avait été s'était transformé en un matador intrépide capable de soutenir sans sourciller la charge d'un taureau noir de neuf cents kilos aux cornes acérées. Héros national, Manolete eut droit « aux plus grandes funérailles que l'Espagne ait jamais vues » (Hillman).

Le cas le plus frappant est sans doute celui d'Oprah Winfrey, cette richissime personnalité de la télé américaine qui est née dans la pauvreté la plus abjecte. Le moins qu'on puisse dire, c'est qu'elle a connu une enfance difficile. Élevée d'abord par sa grand-mère au Mississippi, puis par sa mère à Milwaukee et enfin par son père au Tennessee, elle est abusée sexuellement dans sa jeunesse par trois hommes différents, à partir de l'âge de neuf ans. Elle vit dans une crainte si intense que parfois elle en tremble littéralement de peur. Son seul réconfort, elle le puise dans les livres et dans ses études. Adolescente, elle s'enfuit de chez elle pour tenter d'échapper aux sévices dont elle est victime. Frustrée, sa mère l'envoie alors vivre chez son père à Nashville. C'est un parent strict, mais qui a du moins le mérite d'encourager sa fille et de faire de son éducation une priorité. À la fin de ses études secondaires, Oprah s'oriente vers une carrière en journalisme télévisé, d'abord comme présentatrice de nouvelles, puis comme reporter choc. Ces premières incursions ne lui réussissent pas – on la juge trop émotive –, mais elle finira par trouver son créneau en tant qu'animatrice de *talk-show*, un choix qui lui permet enfin d'exprimer son Moi véritable. La petite pauvresse qui portait des robes taillées à même des sacs en toile de jute est devenue l'une des femmes les plus riches, les plus influentes et les plus reconnues du monde entier.

Être soi

Il faut être indépendant et avoir une bonne estime de soi pour pouvoir aimer une autre personne et se donner à elle. Comment pourrais-je prétendre aimer quelqu'un de tout mon cœur quand je ne sais même pas qui je suis ? Ma capacité à me différencier des autres et ce qui donne du sens à ma vie. Ma vocation, mon destin, et l'accomplissement suprême de mon existence, c'est de devenir *moi*. Mais pour être moi, il faut que je sache qui je suis et que j'aie une assez bonne idée de mon rôle sur cette terre. Le poète jésuite Gerard Manley Hopkins a magnifiquement exprimé cette vérité dans un poème intitulé *Comme prend feu le martin-pêcheur* :

Chaque mortelle créature n'a qu'une unique mission :
Exprimer l'être qui en chacune d'elles réside ;
Individuelles elles s'écrient : *Je suis moi !*
Ce que je fais est moi, la raison de ma présence ici.

Un couple qui veut vivre un amour véritable doit proscrire de sa vie les comportements futiles, puérils et enfantins. Le rôle de chaque partenaire doit idéalement être d'aider l'autre à actualiser son Moi véritable.

À l'image du Créateur

Les maîtres spirituels disent que Dieu est si grand que ses créatures ne peuvent être autre chose que son reflet, que chacun de nous est la nuance et l'incarnation d'une partie de notre Créateur. Pensez à une personne que vous aimez : que diriez-vous si vous aviez à la décrire en un mot ou en une phrase ? Pour mon fils John, je dirais « objectif et honnête ». Pour ma femme Karen, ce serait « fidèle et empathique ». Les termes que je choisirais pour décrire ma fille Ariel seraient « indépendante et curieuse ». Ma belle-fille Brenda, « courageuse et déterminée ». Quant à mon beau-fils Brad, je le dirais « excentrique et créatif ». Tout cela pour dire que les traits dominants de la personnalité de chacun témoignent de leur unicité. Votre Dieu, peu importe comment vous le concevez, doit lui aussi posséder ces attributs. Le fait que je connais et aime mon fils, mon épouse, ma fille et mes beaux-enfants me rend capable de détecter en eux l'essence du Créateur.

L'amour est une chose sacrée

L'amour et la connaissance que nous avons les uns des autres nous permettent donc d'apercevoir une lueur du Divin. Et pour chacun, cette lueur est différente : te connaissant et t'aimant, je connais et aime un aspect du Divin que toi et toi seul peux manifester – chacun de nous est tel un livre unique et inimitable, et à notre mort ce livre disparaît à tout jamais. De là, on peut en conclure que les partenaires capables d'un amour mature transcendent leur propre nature et enrichissent leur spiritualité. La théorie de l'incarnation unique est une croyance impossible à prouver, et donc je ne chercherai pas à vous l'imposer. Mais imaginez seulement combien il serait exaltant de vivre dans un monde où le caractère sacré des êtres et des choses serait reconnu. Imaginez ce que seraient la vie et l'amour si dans un couple chaque partenaire voyait l'autre telle une révélation sacrée, une incarnation du Divin. À l'époque où je pratiquais en cabinet, je suggérais à mes clients qui en étaient au Stade 2 du développement de l'amour mature, de vivre *comme s'ils croyaient en ce postulat théologique*. Pour certains, j'en ai fait un exercice, leur disant de vivre ainsi pendant quatre-vingt-dix jours. Pour une minorité, ça n'a tout simplement pas fonctionné, mais pour un grand nombre de ceux qui se sont prêtés à cette expérience, les résultats ont été bien au-delà de mes attentes !

Dans le livre *Je et tu* du grand théologien juif Martin Buber, les relations interpersonnelles revêtent une dimension sacrée. Toi (tu) et moi (je), *nous nous aidons mutuellement à actualiser pleinement notre unicité individuelle*, et à travers cette unicité nous visons à actualiser Dieu le Créateur. Le but ultime de notre existence, de *votre* existence, c'est de devenir cette nuance du Divin que vous seul pouvez incarner et qui ne peut être connue d'aucune autre façon qu'à travers vous. Toute la Création, et plus particulièrement l'amour dans sa plus noble expression, est une majestueuse révélation qui nous fait entrevoir dans un grand frémissement de félicité ce que pourraient être la vie et l'amour dans leur forme la plus divine. Comme le disait le poète autrichien Rainer Maria Rilke, chacun de nous est « le gardien de la solitude de l'autre ». Dans un couple qui vit un amour véritable, chaque partenaire est aussi le complice qui accompagne l'autre de découverte en découverte jusqu'à ce qu'il accède, pour emprunter les mots du poète David Whyte, aux *eaux de son appartenance*.

Que signifie cette expression dans le cas qui nous occupe ? Rilke a écrit un poème intitulé *Le cygne* dans lequel il décrit combien maladroite est la démarche de cet oiseau sur la terre ferme, alors que dans l'eau, il se meut avec une grâce et une aisance féériques. Sur terre, le cygne est en dehors de son élément ; sa vocation, sa raison d'être, c'est de flotter gracieusement sur l'onde. Et dans cet élément, il devient, ainsi que le dit Rilke, « tel un roi, telle une reine ». Après avoir lu *Le cygne*, le poète David Whyte nous demande ceci : « Quelles sont les eaux de votre appartenance ? Quels sont les endroits, les aspects de votre vie dans lesquels vous êtes le plus gracieux ? Qui sont les gens qui vous font sentir réellement vivants ? »

Slavin et Kriegman ont dit que le Moi véritable est un lieu de vie et de vitalité, cet endroit qui vous donne enfin l'impression d'avoir trouvé votre place. Une fois que vous aurez trouvé cet endroit qui vous sied, ce comportement naturel, ces personnes qui vous remplissent de vitalité, vous serez alors en bonne voie d'accomplir votre vocation et votre destin. Un des plus beaux gestes amoureux que l'on puisse faire, c'est d'aider l'autre à trouver les eaux de son appartenance, d'être ce complice qui l'accompagnera tout au long de cette quête périlleuse qu'est l'existence.

L'objectif final de la romance et du désir est de nous amener à forger un lien et un attachement authentiques avec un autre être humain. L'idéal est bien sûr d'avoir eu dans son enfance un attachement solide avec sa source maternelle, mais si ce n'est pas votre cas, rassurez-vous : le nouvel attachement que vous vivez à l'âge adulte avec la personne que vous aimez peut guérir la carence ou l'insuffisance que vous avez connue étant enfant.

Amour réciproque et soutien

Rien ne laissait supposer qu'en soutenant les projets artistiques de mon épouse, je transcenderais d'une certaine manière ma propre existence. L'appuyer m'a permis de me dépasser, d'aller au-delà de ce que j'étais.

De son côté, elle a connu une expérience similaire : l'amour qu'elle me porte l'a amenée à s'intéresser à mon travail, à m'encourager et à participer à mes séminaires. C'est elle qui m'a fait comprendre que mon travail ne se résumait pas à aider les gens à se délester de leurs blocages et de leurs fantasmes débilitants, mais qu'en plus je leur donnais de l'espoir, que j'étais ce navigateur qui les aiderait à faire les premiers pas d'un long voyage menant à la découverte de soi.

Les couples qui ont atteint les Stades 2 et 3 de leur évolution entrent dans une sphère relationnelle dont ils ne soupçonnaient même pas l'existence. L'ironie de la chose, c'est qu'ils n'auraient jamais pu atteindre ce niveau sans avoir d'abord vécu les chicanes et conflits puérils qui ont marqué les premières années de leur relation. Le docteur Scott Peck dit que « les conflits que nous traversons nous obligent à démontrer notre courage et notre ingéniosité », mais pour ma part, j'estime plutôt que ces conflits nous poussent à *développer* notre courage et notre intégrité.

Accéder à la sagesse

Dans la petite enfance, nous puisions notre identité par réflexivité dans le regard de notre source maternelle. Au Stade 2 du développement relationnel, notre identité se forge à travers le regard de l'être aimé et de nos amis les plus chers – j'ai personnellement observé que les amitiés sont nombreuses chez les couples du Stade 2.

Les couples qui en sont au Stade 2 sont conscients du chemin qu'ils ont parcouru. Ils savent ce à quoi ils doivent renoncer tout comme ce qui vaut la peine d'être conservé. Ils savent que ce qui est bon pour eux, ce sont les choses qui les remplissent d'énergie et qui sont pertinentes à leur Moi authentique. Ils savent aussi lesquels de leurs problèmes ne seront jamais résolus. Lorsqu'ils atteignent le Stade 2, les partenaires semblent soudain imbus d'une certaine sagesse. Qu'est-ce que la sagesse ? Entre autres choses, elle peut être la capacité de reconnaître à la fois ses forces et ses limites, un peu comme dans la prière de la sérénité des Alcooliques Anonymes – *Mon Dieu, donnez-moi la sérénité d'accepter les choses que je ne puis changer, le courage de changer les choses que je peux changer, et la sagesse de distinguer entre les deux.* La sagesse nous permet de jouir du plus beau cadeau de tous : elle nous donne la possibilité d'aimer une autre personne que nous d'un amour authentique. Elle nous gratifie également d'une perspective différente en nous amenant à voir les différences de notre partenaire comme une bonne chose, en nous faisant comprendre que *l'autre est autre* et que c'est bien ainsi. Nous percevons alors notre partenaire comme nous nous percevions nous-mêmes dans « l'univers du moi », cette période formatrice de la petite enfance durant laquelle nous avons commencé à défusionner de notre environnement et à délinéer les frontières de notre identité individuelle. Dire « non ! », « je ne veux pas ! » ou « c'est à moi ! » sont les premières déclarations d'indépendance du Moi. Chacun de nous doit avoir le courage de quitter sa zone de confort, de puiser dans sa force vitale pour se séparer des autres et chercher sa propre identité. Les individus qui n'ont pas vécu dans l'enfance ces premières et fragiles tentatives d'expression d'une identité propre sont susceptibles de les extérioriser à l'âge adulte, en des circonstances où elles s'avéreront beaucoup plus perturbatrices, nocives et dommageables.

Fort heureusement, on peut se débarrasser des blocages qui sont l'expression d'une régression émotionnelle vers le passé en faisant un travail sur soi. Les partenaires qui veulent vivre un amour sain et authentique doivent se dépouiller des reliquats de l'enfance et faire le travail nécessaire pour devenir des adultes à part entière, dotés d'une identité solide et d'une bonne estime de soi. Être adulte veut dire abandonner les comportements puérils et enfantins tout en conservant la spontanéité et la capacité d'émerveillement de l'enfant. L'être doté d'une solide identité est par ailleurs circonscrit de limites acceptables et raisonnablement flexibles.

Se fixer des limites

Les bonnes clôtures font les bons voisins.

– Robert Frost

C'est mon bon ami Jack Soll, un brillant thérapeute de Los Angeles, qui m'a communiqué la liste ci-dessous. Les limites d'un individu sont comme les frontières d'un pays. Nous avons besoin d'un passeport pour aller d'un pays à l'autre, eh bien les limites que nous nous fixons fonctionnent un peu comme cela: ce sont des portes que nous seuls pouvons ouvrir. L'individu qui veut fixer des limites adéquates accomplira cela en travaillant sur ses besoins développementaux carencés.

Qu'est-ce qu'un besoin développemental? En voici quelques-uns:

1. Le droit d'avoir un espace à soi.
2. Le droit de décider qui peut nous toucher et où il peut nous toucher.
3. Le droit de décider où, quand et comment nous voulons être sexuels.
4. Le droit à la neutralité des émotions – il n'y a pas de bonnes ou de mauvaises manières de se sentir.
5. Le droit d'avoir ses propres idées et opinions (ce qui suppose que l'on en assumera ensuite les conséquences).
6. Le droit de choisir son dieu et sa religion et de la pratiquer librement.

La capacité de différenciation et d'indépendance d'un individu comporte plusieurs autres éléments. Sans limites, il est impossible d'avoir un sentiment d'identité bien défini. Certaines limites sont spécifiques au sexe de la personne. Les hommes, par exemple, ont besoin d'une tanière, d'un espace bien à eux où ils peuvent faire comme bon leur semble. Les femmes, de leur côté, favorisent la convivialité, mais elles ont également besoin de se retrouver seules de temps à autre. La femme sait contenir ses émotions, mais aime aussi les partager. Et les femmes ont moins peur d'être vulnérables que les hommes – il y a des exceptions de part et d'autre, bien entendu.

Exercice pour mesurer votre capacité de différenciation

L'être humain n'a pas son pareil pour se raconter des histoires, ainsi doit-il de temps à autre jeter un regard sur lui-même pour s'assurer qu'il ne tombe pas dans le piège d'un Moi factice. Le test du diagramme 11A vous permettra de mesurer votre capacité de différenciation. Sans être exhaustif, il vous donnera une idée des facteurs qui sont en jeu dans le processus d'autodifférenciation et vous fournira des pistes quant aux éléments sur lesquels vous devez travailler. Les dix points du test s'intéressent aux limites de l'ego. Si vous obtenez un pointage bas sur un aspect en particulier, cela signifie que vous aurez à travailler pour l'améliorer. À la fin, calculez votre pointage total. Si vous avez obtenu 18 ou moins, c'est que vous avez du pain sur la planche.

Diagramme 11A:
Test de mesure du sentiment d'identité

Inscrivez pour chaque point le chiffre qui correspond à votre expérience:

- Toujours vrai: inscrivez 4
- Souvent vrai: inscrivez 3
- Rarement vrai: inscrivez 2
- Jamais vrai: inscrivez 1

_______ 1. Je sais ce que je ressens et j'exprime mes émotions, en particulier la colère, lorsque je juge le moment approprié.

_______ 2. Je connais mes besoins et mes valeurs et je reste ferme quand je les sens menacés.

_______ 3. Je connais mes forces et mes faiblesses (vulnérabilités) et ne les cache pas aux gens qui me sont chers.

_______ 4. Je fais face à mes difficultés et à mes problèmes, et prends position sur les questions qui me tiennent à cœur.

_______ 5. J'exprime mes doléances aux autres, et en retour je leur permets d'exprimer celles qu'ils nourrissent à mon endroit.

_______ 6. Je reste émotionnellement connecté aux personnes qui me sont chères même dans les moments de colère ou de dissension les plus intenses.

_______ 7. Je sais quoi faire pour rester calme quand je ressens de la peur ou de l'anxiété.

_______ 8. Je sais goûter la solitude (se retrouver seul avec soi-même) sans pour autant m'isoler des autres (se retirer du monde).

_______ 9. Je sais quelle est ma place dans l'univers. Je suis conscient de l'existence d'une Puissance supérieure que j'aime, respecte et honore.

_______ 10. J'accepte la souffrance que m'apporte la vie et je vois en elle l'occasion de grandir et d'évoluer.

La nature attend de nous que nous trouvions un partenaire avec qui nous accoupler et procréer, toutefois notre besoin d'amour va bien au-delà de cela – et bien au-delà du schéma romantique. Pour aimer d'un amour mature, il faut être prêt à donner, à s'oublier au point où l'autre compte autant pour nous que nous-mêmes.

Chapitre 12

Stade 3 : l'interdépendance, ou l'univers du « nous »

... Lors nous grandîmes ensemble,
Telle une cerise double, séparées en apparence ;
Mais pourtant unies dans la séparation,
Deux charmantes baies moulées sur une même tige ;
Avec la semblance de deux corps, mais dotées d'un seul cœur.

- SHAKESPEARE, *SONGE D'UNE NUIT D'ÉTÉ*, ACTE III, SCÈNE 2

Nous avons déjà parlé de l'interdépendance – allez voir la dernière case du diagramme 7C. À ce stade de l'évolution amoureuse, les partenaires deviennent tels deux musiciens jouant sur un même temps, mais avec des instruments différents. Chacun a des capacités qui lui sont propres, il joue du piano et elle du violon, et c'est en jouant ensemble qu'ils créent la chanson. Cette chanson ne lui appartient pas plus qu'à elle : c'est une œuvre commune, leur chanson à tous les deux.

La sagesse du rabbin

En 1796, Menahem Mendel Morgensztern, le vénérable rabbin de Kotsk, a dit ceci : « Si je suis moi parce que je suis moi et que tu es toi parce que tu es toi, alors je suis et tu es. Mais si je suis moi parce que tu es toi et que tu es toi parce que je suis moi, alors je ne suis pas et tu n'es pas. » J'ai cité cette phrase dans quatre de mes livres. Le rabbin de Kotsk comprenait clairement qu'une relation *ne peut être interdépendante que si les deux partenaires sont indépendants.* Il y a quelque chose de sacré dans ce genre d'union : chaque partenaire est une personne entière et aime l'autre telle une personne entière, sans manifester d'exigences indues imputées à des besoins carencés. Chacun a des besoins, mais il n'a pas besoin de l'autre pour être une personne entière. Chacun a sa vie, mais se fait un plaisir d'en partager les détails avec l'autre. Les partenaires sont ensemble, mais parce qu'ils sont dotés d'une identité forte, ils s'accordent aussi l'espace dont ils ont besoin pour respirer et vivre leur autonomie. Comme le dirait le poète Kahlil Gibran, ils laissent l'espace entrer au sein de leur union. Et en s'accordant cet espace, ils se donnent la chance de mieux se connaître. Gibran a aussi dit : « La montagne apparaît plus clairement à l'alpiniste quand il l'aperçoit de la plaine. »

L'indépendance rend possible l'interdépendance. L'individu qui aime sans avoir cultivé son indépendance se sent souvent inadéquat. Il aime parce qu'il attend de l'autre qu'il comble ses besoins et, donc, son amour n'est pas sain. Erich Fromm fait cette distinction dans son livre *L'art d'aimer* : « M'aimes-tu parce que tu as besoin de moi, ou as-tu besoin de moi parce que tu m'aimes ? » Certes, il y a dans chaque couple une part de dépendance – après tout, nul n'est parfait ! –, néanmoins l'idéal est d'aimer parce qu'en tant qu'êtres humains, il est dans notre nature d'aimer, et non d'aimer parce que nous sommes dépendants et avons *besoin* de l'autre. C'est comme de dire à l'autre : « J'ai besoin de toi parce que je t'aime, parce que je suis un être humain et qu'aimer fait partie de mon essence, de mon être. »

Au fur et à mesure qu'un couple s'engage dans « l'univers du nous », chaque partenaire en vient à avoir une vision plus souple et plus spontanée de l'autre. Il est difficile de changer l'image que l'on a de quelqu'un quand on a déjà une idée très rigide de ce qu'il est, quand on croit avoir cerné ses comportements. De plus, lorsqu'on s'est fait une idée très arrêtée d'un individu, on a tendance à traquer les détails susceptibles de confirmer notre opinion. Les couples qui atteignent le stade de l'interdépendance n'entretiennent plus ce genre de perceptions figées et biaisées. Chacun connaît les défauts de l'autre, toutes ces petites manies qui l'irritent encore parfois au point de soulever des différends, cependant il y a des limites que le couple a appris à ne pas dépasser. Désaccords, frustrations et mésententes ne dégénèrent jamais en accès de rage.

Les Devon

Les Devon forment un couple que j'admire beaucoup. Leur idylle a fleuri à l'adolescence, et ils se sont mariés alors que Jack avait vingt-trois ans et Sharon, dix-neuf. Quelques mois à peine après leurs noces, ils ont connu une première flambée d'ESPR et n'ont plus fait l'amour pendant trois semaines. Perplexes et désorientés par cette « brèche sexuelle », ils ont décidé de venir me consulter. Amoureux passionnés, Jack et Sharon avaient été pris de court lorsque les vannes du désir s'étaient brusquement refermées, mais fort heureusement ils n'ont pas tardé à reprendre le dessus : après quatre séances passées à discuter du problème et à faire des exercices de toucher non menaçants, ils avaient déjà retrouvé leurs repères. Je les ai croisés plusieurs fois par la suite à la messe du dimanche. Nous sommes devenus bons amis.

Les Devon sont tombés de nouveau en état de stress post-romantique après la naissance de leur second fils. Jack était très proche de son premier-né ; or, Sharon craignait que son mari n'éprouve pas le même amour et la même affection pour ce deuxième fils qui venait de naître. Leur vie sexuelle était en ESPR léger.

Jack et Sharon étaient tous deux cadres d'entreprise, avaient tous deux un haut taux de testostérone et avaient l'habitude d'être aux commandes. Cette situation avec leur nouveau-né les avait pris par surprise, et ils exprimaient leur colère consciente et inconsciente en se privant mutuellement de sexe.

Les Devon se sont montrés très honnêtes et collaboratifs durant nos séances de psychothérapie. Jack aimait énormément son premier fils, ce qui n'a rien d'inusité, mais après que Sharon lui a fait part de ses craintes, il l'a assurée qu'il était tout dévoué à leur nouveau-né. Je leur ai fait faire d'autres exercices de toucher et d'intimité, et au bout de six visites, ils étaient de nouveau sur la bonne voie. Nos séances avaient donné à chacun l'occasion d'exprimer la colère qu'il ressentait envers l'autre, chose qu'ils n'avaient jamais faite auparavant.

Depuis ce temps, leur couple se porte bien. Chaque année, Jack et Sharon s'offrent des vacances, s'envolant vers une nouvelle destination ou revisitant un endroit qu'ils connaissent et aiment. Ils sont en santé et travaillent dur pour conserver une bonne forme physique. Amoureux de plein air, ils adorent faire des expéditions de camping, de pêche ou d'alpinisme.

Au fil des ans, Jack et Sharon ont suivi ensemble plusieurs cours par correspondance. Ce sont d'éternels étudiants qui prennent plaisir à étudier ensemble et à discuter des sujets au programme. L'apprentissage est pour eux une passion commune, mais ils ont aussi une leçon à enseigner de leur côté : leur enthousiasme, leur vitalité et leur soif de nouveauté font d'eux un exemple à suivre pour les couples en quête d'harmonie. Cela dit, pour arriver à leur niveau, il faut s'investir et surtout, faire de nouvelles choses pour préserver la vitalité du couple.

Entretenir la flamme en tentant de nouvelles expériences

Au cours du processus de documentation qui a précédé l'écriture de ce livre, j'ai découvert plusieurs recherches qui démontrent que la nouveauté (faire de nouvelles choses ensemble) peut ranimer la flamme romantique d'un couple. Nous avons vu précédemment que le risque, le danger, la peur et l'adversité intensifient l'effet du cocktail PEA-dopamine. Une nouvelle expérience excitante qui comporte un certain facteur de risque est peut-être le stimulant dont votre couple a besoin pour raviver sa passion!

Une étude réalisée par Art Aron et sa collègue Christina Norman démontre que les activités nouvelles, risquées et excitantes stimulent l'amour romantique. D'autres études avaient déjà démontré avant cela que les couples qui font des choses excitantes retirent davantage de satisfaction de leur relation. Dans le cadre de leur étude, Aron et Norman ont demandé à vingt-huit couples de faire un exercice et de remplir ensuite un questionnaire. Les chercheurs avaient conçu deux exercices différents, l'un excitant, l'autre ennuyeux. Ce n'est que dans les couples qui ont fait l'exercice excitant que les partenaires ont dit éprouver des sentiments romantiques l'un envers l'autre.

La dernière grande aventure des Devon

Peu après leur quarantième anniversaire de mariage, par un concours de circonstances des plus inattendus, les Devon ont adopté une petite fille d'à peine un an. Jack avait soixante-trois ans, Sharon en avait cinquante-huit. Bien que Jack ait toujours voulu avoir une fille, la nouvelle venue perturba à son arrivée l'harmonie du foyer: les Devon étaient des parents intelligents; or, chacun avait son idée quant à la manière d'élever leur fille. Je leur ai conseillé de consulter un spécialiste en compétences familiales et parentales. Jack et Sharon en arrivèrent finalement, en tant que parents, à un réel terrain d'entente et de partage, et ils me racontèrent même que le conflit qu'avait causé cette dernière aventure parentale les avait rendus encore plus proches l'un de l'autre.

«Quand on a soixante-dix ans, c'est difficile de suivre la cadence d'une petite fille, avoua Jack quand je le vis sept ans plus tard. Mais pour moi, il n'y a rien de plus passionnant que de voir ma petite fille grandir. Il faut voir comme elle est contente quand je rentre à la maison ! » La vérité, c'est que la générosité des Devon avait sauvé la vie de cette petite. Et elle n'était pas plus la fille de Sharon que celle de Jack : « Elle est à *nous* » m'a-t-il dit, et j'ai senti qu'il y avait dans ce *nous* une réelle notion de partage.

La dernière fois où j'ai vu les Devon, Jack m'a confié que sa vie sexuelle avec Sharon continuait de s'épanouir même après quarante-neuf ans de mariage. Leur couple était plus uni que jamais, m'a-t-il dit, et leurs rapports plus intimes. Sharon était du même avis. Les Devon rédigent un nouveau contrat de mariage chaque année, le lendemain de leur anniversaire, et ils renouent leurs vœux de mariage tous les cinq ans selon un rituel créé conjointement avec le pasteur de leur paroisse – ils font partie de l'Église Unie.

L'intimité

« L'univers du nous » est exactement cela : c'est un espace qui n'appartient ni à moi ni à toi, mais à nous. Les couples comme celui des Devon qui sont arrivés à ce stade savent exprimer leur vulnérabilité. Ils ont traversé vents et marées et ont tenu bon, apprenant en cours de route énormément de choses sur l'amour et l'intimité. Le cas de Jack et de Sharon Devon a confirmé en grande partie ma conception de l'intimité. Le diagramme 12A en dresse le profil. Dès le premier coup d'œil, vous verrez que l'intimité est composée de plusieurs éléments, dont certains qui semblent de prime abord en opposition.

Le dernier palier de l'intimité

Lorsqu'un couple atteint le Stade 3 de l'évolution amoureuse, il y a longtemps qu'il n'est plus sous l'influence de l'intimité enivrante qu'il a connue du temps où il était « fou d'amour ». Malgré cela, il peut jouir d'une intimité plus stable et plus fine, d'un ordre supérieur. Les Devon m'ont dit avoir vécu dans leur vie de couple des moments où ils avaient vraiment l'impression de ne faire qu'un. La durée de leur relation y est bien sûr pour quelque chose; les nouveaux amoureux qui n'en sont qu'au schéma romantique n'ont pas encore passé suffisamment de temps ensemble pour connaître une intimité de cette qualité. « C'est important pour moi de savoir qu'on peut avoir un conflit sans se blesser l'un l'autre » m'a un jour dit Sharon.

Ce qu'il y a de plus difficile dans l'intimité, c'est qu'elle exige de chaque partenaire qu'il ait le courage de se dévoiler entièrement à l'autre. La dissimulation est l'une des caractéristiques de la honte toxique – l'individu qui en souffre ne veut pas que les autres voient qu'il est faible et imparfait. Fort heureusement, la honte toxique disparaît avec le temps chez les couples qui ont travaillé sur eux-mêmes pendant des années en s'appuyant mutuellement, mais aussi en laissant à chacun l'espace dont il a besoin pour vivre de manière indépendante.

La capacité de négocier et d'assumer ses responsabilités

Dans une relation intime, chacun assume ses responsabilités. Je suis responsable de mes actes et responsable vis-à-vis de mon conjoint ou de ma conjointe. Je suis aussi capable de discuter des différents aspects de ma vie et de ma relation avec l'autre, sachant qu'il est impossible que nous voulions toujours les mêmes choses en même temps et qu'à travers ces dissimilitudes, nous devons nous respecter mutuellement et ne pas tenir notre couple pour acquis.

Diagramme 12A:
Le profil de l'intimité

L'intimité est composée de nombreux éléments.

L'EXTASE Moments de fusion extrême liés au schéma romantique et à une sexualité débridée.	LE TEMPS La durée de la relation est importante, car c'est avec le temps que les partenaires apprennent à se connaître et à se faire confiance.
LA CHALEUR ÉMOTIVE Sensations agréables venant du fait qu'on se sent aimé, et de la délicatesse, de la tendresse et de la générosité que l'on manifeste envers son partenaire.	LA GESTION DES CONFLITS Avoir suffisamment confiance en l'autre et être suffisamment honnête pour exprimer colère et ressentiments de façon posée, en faisant appel à des aptitudes de communication proactives.
LE COURAGE DE SE DÉVOILER Permettre à l'autre de nous connaître tel que l'on est vraiment. Apprendre à montrer à l'autre sa vulnérabilité.	VIVRE ET LAISSER VIVRE Chacun doit laisser à l'autre la possibilité de vivre sa vie. Chacun se fait le gardien de la solitude et de l'intimité de l'autre.
LA RESPONSABILISATION Sentir que l'on a une obligation morale envers l'autre personne. Assumer la responsabilité de ses propos et de ses comportements.	LA CAPACITÉ DE NÉGOCIER Être capable de négocier avec l'autre en ce qui a trait à ses activités et à ses intérêts personnels, ou à tout autre besoin lié à son épanouissement.

Je ne peux pas vivre sans toi

Dans une relation amoureuse « suffisamment bonne », les partenaires sont ensemble par choix et non par nécessité. Vous devez absolument éviter d'aimer une personne parce qu'il ou elle remplit le vide subjectif qui est en vous, car ce faisant vous ne serez attiré que vers des personnes susceptibles de vous compléter. « Je ne peux pas vivre sans toi » est une affirmation dangereuse et indicatrice de codépendance, tout comme l'expression « ma tendre moitié » est désuète et inexacte. Deux personnes incomplètes ne peuvent pas s'additionner pour former une personne entière. Et quand on multiplie un demi par un demi, on obtient *un quart* ! Nous avons vu précédemment que 50 pour cent des mariages se terminent en divorce, et que sur les 50 pour cent qui restent ensemble, 17 pour cent sont malheureux. À 17 pour cent, nous ne sommes pas bien loin du quart. En somme, on pourrait dire que chaque partenaire ne retire approximativement que le quart de ce qu'il pourrait retirer de sa relation. « Je ne *peux* pas vivre sans toi » dénote un manque profond. « Je ne *veux* pas vivre sans toi » est une façon plus saine d'exprimer ce que l'autre représente pour nous.

Les multiples facettes de l'intimité

Bien des gens croient que l'intimité se limite à la romance et au sexe. L'intimité est bien sûr présente dans ces manifestations magnifiques et intenses de l'amour, mais sa portée est beaucoup plus vaste. Au diagramme 12B, j'ai dressé la liste de douze sphères différentes dans lesquelles l'intimité peut s'exprimer. Chaque sphère correspond à des activités que le couple peut faire. Je me souviens des moments d'inquiétude que nous avons vécus, mon épouse et moi, quand nous élevions nos enfants ; cette inquiétude, nous la vivions *ensemble*, nous la partagions, et ces moments d'intense partage nous ont rapprochés l'un de l'autre. Je parie que cette liste évoquera également en vous des souvenirs de votre vie à deux.

Diagramme 12B:
les différentes facettes de l'intimité

L'intimité est présente dans toutes les sphères de l'existence humaine. Ainsi, l'intimité peut être:

- Émotionnelle (empathie ou écoute empathique)
- Récréative (avoir du plaisir, jouer ensemble)
- Sexuelle (rapprochement durant l'acte sexuel et l'orgasme)
- Intellectuelle (partager ses idées)
- Professionnelle (partager une profession ou des tâches communes)
- Esthétique (partager l'expérience de la beauté)
- Créative (partager ensemble des activités de création)
- Réconfortante (partager la souffrance et les problèmes)
- Dévouée (travailler ensemble au bien commun du couple)
- Spirituelle (discuter ensemble des vues et des préoccupations spirituelles de chacun)
- Verbale (la communication est le fondement de tous les types d'intimité)
- Oppositionnelle (apprendre à mieux se connaître dans la manière dont on résout ensemble les conflits)

Les deux visages de la solitude

L'intimité n'est pas une chose que l'on peut vivre tout le temps; il y a dans la vie des moments où l'individu a besoin de se retrouver seul. Mais attention, la solitude a deux visages: l'un négatif et l'autre positif. La solitude négative est celle qui fait souffrir, et elle est l'apanage des individus qui ressentent un manque causé par des problèmes non résolus issus de leur passé. La solitude positive, en revanche, est nécessaire à l'individu, puisqu'elle lui permet de s'épanouir en explorant son for intérieur. Sans solitude, la personne ne peut pas devenir entière, car c'est durant ces moments de séparation physique, intellectuelle et spirituelle qu'elle parvient le mieux à se différencier de l'autre et à le considérer sous son jour véritable. Dans un couple, les partenaires ont besoin de se distancier l'un de l'autre afin que chacun puisse mieux percevoir le Moi de l'autre, ce qui fait son unicité (en d'autres mots, ce qui fait que l'autre est autre). Cette distance empêche les partenaires de tomber dans le piège de la familiarité.

Quand la familiarité engendre le mépris

Lorsqu'un couple est composé de deux personnes « entières », il aime partir à l'aventure, explorer et apprendre de nouvelles choses, ce qui empêche leur relation de basculer dans une familiarité toxique. Le philosophe allemand Georg Wilhelm Friedrich Hegel a dit que l'on connaît mal les choses qui nous sont trop familières. Les couples qui sont coincés dans une relation de dépendance et d'enchevêtrement sont comme deux personnes qui seraient assises dans le même canot, mais pagaieraient dans des directions opposées : elles font du surplace, deviennent trop familières ; chacun tient l'autre pour acquis et craint qu'il ne change. Mais la familiarité n'est pas que néfaste : elle peut aussi être saine, en quel cas elle permettra aux partenaires de se sentir en confiance et en sécurité dans leur couple.

Le pardon et le ressentiment

Quand deux personnes ont atteint un haut niveau d'individuation, elles ne sont pas méchantes ou mesquines l'une envers l'autre : elles s'aident mutuellement à grandir et sont donc plus enclines à pardonner à l'autre au lieu de nourrir du ressentiment. Dérivé du verbe *ressentir*, le ressentiment survient quand l'individu ressasse ou revit toujours la même émotion (re-sentir = sentir de nouveau). Les couples qui vivent le ressentiment sont coincés dans un terrible cercle vicieux. Les personnes fortes pardonnent plus aisément que les personnes faibles, ce qui est malheureux vu que le pardon profite d'abord à la personne qui pardonne, puisqu'il a pour effet de libérer l'énergie que la personne déployait jusque-là pour s'accrocher à son ressentiment. Les partenaires qui pardonnent ne sont plus assujettis au passé. Réfléchissez à cela et commencez dès aujourd'hui à pratiquer le pardon. Croyez-moi, il n'y a rien de tel pour remettre les compteurs à zéro !

Épilogue

Gardée dans mon cœur tu te faneras;
Deviendras épine si de mon regard je te couve.
Non, c'est plutôt dans mon âme que je te garderai;
Pour que tu sois mon amour dans des vies par-delà cette vie.

– Rumi

À la fin de notre vie, les deux choses qui nous importeront le plus sont: 1. les personnes que nous avons aimées; 2. si nous avons vécu pleinement notre vie. Comme le dit si bien ce proverbe africain: *Quand la mort viendra à toi, fais qu'elle te trouve bien vivant*. Au moment de ma mort, la pire chose qui puisse m'arriver, c'est que je me rende compte que je n'ai jamais su qui j'étais vraiment. Notre heure venue, quels seront nos souvenirs les plus chers? Aurons-nous l'impression d'avoir accompli notre destin en cette unique et divine incarnation?

Certes, nous voulons tous que nos succès professionnels et autres soient célébrés lorsque nous aurons quitté ce monde. Cela dit, il me semble que les moments les plus sacrés que nous aurons vécus sont ceux que nous aurons passés avec les gens que nous aimions, avec nos enfants, nos amis, mais surtout avec les conjoints et conjointes qui ont partagé notre vie. Aimer au quotidien, toujours attentif à l'autre, à ses sensibilités, à ses besoins, et être aimé en retour, c'est un peu comme avoir sur terre un avant-goût du paradis.

Dans *The Soul of Sex*, l'auteur Thomas Moore écrit : « Dans une relation amoureuse, c'est le divin qui l'emporte. » Notre relation amoureuse la plus précieuse est un mystère qui continue de se déployer tout au long de notre vie. Ainsi que le disait le mystique et maître spirituel saint Jean de la Croix : « Au crépuscule de notre vie, c'est sur l'amour que nous serons jugés. »

Ouvrages cités

Ma sincère reconnaissance aux auteurs ci-dessous, dont j'ai cité le travail tout au long de ce livre :

Bandler, Richard and John Grinder. *Frogs into Princes : Neuro Linguistic Programming*. Moab, UT : Real People Press, 1979.

Bowen, Murray. *Family Therapy in Clinical Practice*. Lanham, MD : Jason Arnson, Inc., 1993.

Bradshaw, John. *Bradshaw on : La famille : une nouvelle façon de créer une solide estime de soi*. Montréal : Béliveau, 2004.

______. *Le défi de l'amour*. Paris : J'ai Lu, 2012.

______. *S'affranchir de la honte*. Montréal : Éditions de l'Homme, 2003.

______. *Retrouver l'enfant en soi*. Montréal : Éditions de l'Homme, 2003.

Cancian, Francesca. *Love in America : Gender and Self-Development*. New York : Cambridge University Press, 1990.

Carnes, Patrick. *Out of the Shadows : Understanding Sexual Addiction*. Center City, MN : Hazelden Publishing, 2001.

Carnes, Patrick and Joseph Moriarity. *Sexual Anorexia*. Center City, MN : Hazelden Publishing, 2004.

Fisher, Helen. *Pourquoi nous aimons ?* Paris : Laffont. Coll. Réponses, 2006.

______. *Histoire naturelle de l'amour*. Paris : Hachette, 1994.

Gottman, John. *The Seven Principles for Making Marriage Work : A Guide from the Country's Foremost Relationship Expert*. New York : The Crown Publishing Group, 2000.

______. *What Predicts Divorce ? The Relationship Between Marital Processes and Marital Outcomes*. New York : Psychology Press, 1993.

Greenberg, Mark, Dante Cicchetti, and E. Mark Cummings. *Attachment in the Preschool Years : Theory, Research, and Intervention*. Chicago : University of Chicago Press, 1990.

Lerner, Harriet. *The Dance of Intimacy : A Woman's Guide to Courageous Acts of Change in Key Relationships*. New York : Harper Perennial, 1997.

Love, Patricia. *The Truth About Love : The Highs, the Lows, and How You Can Make it Last Forever*. New York : Touchstone, 2001.

Mellody, Pia. *Facing Love Addiction : Giving Yourself the Power to Change the Way You Love*. New York : HarperOne, 2003.

______. *The Intimacy Factor : The Ground Rules for Overcoming the Obstacles to Truth, Respect, and Lasting Love*. New York : HarperOne, 2004.

Nathanson, Donald. *Shame and Pride : Affect, Sex, and the Birth of the Self*. New York : W.W. Norton & Company, Inc., 1992.

Schwartz, Jeffrey, with Sharon Begley. *The Mind and the Brain : Neuroplasticity and the Power of Mental Force*. New York : Regan Books, 2003.

Whyte, David. Voir *http://www.davidwhyte.com*.

Lectures recommandées

Ainsworth, Mary, Blehar, Mary C. and Everett Waters. *Patrons of Attachment : A Psychological Study of the Strange Situation*. New York : Psychology Press, 2014.

Bandler, Leslie. *They Lived Happily Ever After : Methods for Achieving Happy Endings in Coupling*. Capitola, CA : Meta Publications, 1978.

Begley, Sharon. *Train Your Mind, Change Your Brain : How a New Science Reveals our Extraordinary Potential to Change Ourselves*. New York : Ballantine Books, 2007.

Berg, S.J. and K.E. Wynne-Edwards. *Changes in testosterone, cortisol, and estradiol levels in men becoming fathers*. 76(6) (2001) : 582–92.

Black, Claudia. *Deceived : Facing Sexual Betrayal, Lies, and Secrets*. Center City, MN : Hazelden Publishing, 2009.

Bowlby, John. *A Secure Base : Parent-Child Attachment and Healthy Human Development*. New York : Basic Books, 1988.

Bradshaw, John. *La famille et ses secrets*. Montréal : Flammarion, 1997.

______. *Découvrir ses vraies valeurs*. Montréal: Éditions de l'Homme, 2010.

Buber, Martin. *Je et tu*. Paris: Aubier, 2012.

Campbell, Susan. *The Couples Journey: Intimacy as a Path to Wholeness*. Atascadero, CA: Impact Publishers, 1980.

Canning, Maureen. *Lust, Anger, Love: Understanding Sexual Addiction and The Road to Healthy Intimacy*. Naperville, IL: Sourcebooks, 2008.

Catlett, Joyce and Robert Firestone. *Fear of Intimacy*. Washington, DC: American Psychological Association, 1999.

Covington, Stephanie. *Awakening Your Sexuality: A Guide for Recovering Women*. San Francisco: Harper San Francisco, 1992.

Coontz, Stephanie. *Marriage, a History: How Love Conquered Marriage*. New York: Penguin Books, 2006.

Coontz, Stephanie. *The Way We Never Were: American Families and the Nostalgia Trap*. New York: Basic Books, 1993.

Covitz, Joel. *Emotional Child Abuse: The Family Curse*. Salem, MA: Sigo Press, 1986.

Damasio, Antonio. *Descartes Error: Emotion, Reason, and the Human Brain*. New York: Penguin Book, 2005.

______. *The Feelings of What Happens: Body and Emotion in the Making of Consciousness*. Boston, MA: Mariner Books, 2000.

Ellis, Havelock. *Studies in the Psychology of Sex, Volume 1-The Evolution of Modesty; The Phenomena of Sexual Periodicity; Auto-Erotism*. Ontario: Ontario Classic Books, 2010.

Darwin, Charles. *The Expressions of Emotions in Man and Animals*. New York: CreateSpace Independent Publishing Platform, 2012.

Doidge, Normon. *The Brain That Changes Itself: Stories of Personal Triumph from the Frontiers of Brain Science*. New York: Penguin Books, 2007.

Erikson, Erik H. *Insight and Responsibility*. New York: W. W. Norton & Company Inc., 1994.

______. *Childhood and Society*. New York: W. W. Norton & Company Inc., 1993.

Farber, Leslie. *The Ways of the Will : Selected Essays Expanded Edition*. New York : Basic Books, 2000.

Firestone, Robert. *The Fantasy Bond : Structure of Psychological Defenses*. Santa Barbara, CA : Glendon Association, 1987.

Fosha, Diane. *The Transforming Power of Affect : A Model for Accelerating Change*. New York : Basic Books, 2000.

Fromm, Erich. *L'art d'aimer*. Paris : Desclée de Brouwer, 2008.

Haley, Jay. *Uncommon Therapy : The Psychiatric Techniques of Milton H. Ericson, M.D.* New York : W. W. Norton & Company Inc., 1993.

Hastings, Anne S. *Discovering Sexuality That Will Satisfy You Both : When Couples Want Different Amounts and Different Kinds of Sex*. Novato, CA : Printed Voice, 1993.

Hendrix, Harville. *Getting the Love You Want : A Guide for Couples, 20th Anniversary Addition*. New York : Henry Holt & Co., 2007.

Hillman, James. *Le code caché de votre destin*. Paris : Laffont, 1999.

Hoffman, Bob. *No One Is to Blame : Freedom from Compulsive Self-Defeating Behavior ; The Discoveries of the Quadrinity Process*. Palo Alto, CA : Science and Behavior Books, Inc., 1988.

Hollis, James. *Le meilleur est à venir : trouver un sens à la deuxième moitié de sa vie*. Montréal : Le Jour, 2008.

———. *Hauntings : Dispelling the Ghosts Who Run Our Lives*. Asheville, NC : Chiron Publications, 2013.

Jackson, Don and William Lederer. *The Mirages of Marriage*. New York : W. W. Norton & Company Inc., 1968.

Kassorla, Irene. *Putting it All Together : The New Orthomolecular Nutrition*. Columbus, OH : McGraw-Hill, 1998.

Kriegman, Daniel and Malcolm Slavin. *The Adaptive Design of the Human Psyche : Psychoanalysis, Evolutionary Biology, and the Therapeutic Process*. New York : Guilford Press, 1992.

Ledoux, Joseph. *The Emotional Brain : The Mysterious Underpinnings of Emotional Life*. New York : Simon and Schuster, 1998.

Lee, John. *The Anger Solution : The Proven Method for Achieving Calm and Developing Healthy, Long-Lasting Relationships*. Jackson, TN : Da Capo Press, 2009.

Levine, Peter and Ann Federick. *Walking the Tiger : Healing Trauma*. Berkeley, CA : North Atlantic Books, 1997.

Liebowitz, Michael MD. *The Chemistry of Love*. New York : Penguin, 1955.

Lowen, Alexander. *The Journal of Sex Research Vol. 4*. New York : Taylor and Francis, 1968.

Middleton-Moz, Jane. *Children of Trauma : Rediscovering Your Discarded Self*. Deerfield Beach, FL : Health Communications, Inc., 1989.

Moore, Thomas. *The Soul of Sex : Cultivating Life as an Act of Love*. New York : Harper Perennial, 1999.

Pastor, Marion. *Anger and Forgiveness : An Approach That Works*. Berkeley, CA : Jennis Press, 1990.

Peck, Scott. *Le chemin le moins fréquenté*. Paris : J'ai Lu, 2006.

Pletcher, Claudine and Sally Bartolameolli. *Relationships from Addiction to Authenticity Understanding Co-Sex Addiction–A Spiritual Journey to Wholeness and Serenity*. Deerfield Beach, FL : Health Communications, Inc., 2008.

Satir, Virginia. *Conjoint Family Therapy*. Palo Alto, CA : Science and Behavior Books, 1983.

Scheler, Max. Über Scham ünd Schamgefühl - traduction française : *La Pudeur*. Paris : Aubier, 1952.

Schnarch, David. *Intimacy and Desire : Awaken the Passion in Your Relationship*. New York : Beaufort Books, 2011.

Schneider, Carl. *Shame, Exposure and Privacy*. New York : W. W. Norton & Co., 1992.

Schore, Allan. *Affect Regulation and the Repair of the Self*. New York : W. W. Norton & Co., 2003.

______. *Affect Dysregulation and Disorders of the Self*. New York : W. W. Norton & Co., 2003.

Van der Kolk, Bessel A. *Traumatic Stress : The Effects of Overwhelming Experience of Mind, Body, and Society*. New York : Guilford Press, 1996.

Watzlawick, Paul and John Weakland. *Change : Principles of Problem Formation and Problem Resolution*. New York : W. W. Norton & Co., 2011.

Wegscheider-Cruse. *Choicemaking : For Spirituality Seekers, Co-Dependents and Adult Children*. Deerfield Beach, FL : Health Communications, Inc., 1986.

Whitfield, Charles. *Healing the Child Within : Discovery and Recovery for Adult Children of Dysfunctional Families*. Deerfield Beach, FL : Health Communications, Inc., 1987.

Wolinsky, Stephen. *Trances People Live*. Ashley Falls, MA : Bramble Co., 1991.

Remerciements

Je crois important de mentionner ici toutes les personnes que j'ai évoquées dans ce livre et dont je recommande vivement les ouvrages. Un remerciement tout spécial aux docteurs Helen Fisher, Pat Carnes, Harriet Lerner, Jeffrey Schwartz, Claudia Black et Murray Bowen, ainsi qu'à Richard Bandler, John Grinder et Leslie Cameron Bandler.

Mes amitiés à Pia Mellody, Johnny Lee, Claudia Black et Pat Carnes. Claudia et moi avons donné des ateliers ensemble et avons eu de nombreuses discussions enrichissantes. Pia est maintenant à la retraite, mais elle et moi sommes toujours agrégés au centre de traitement The Meadows. Elle m'a beaucoup inspiré à l'époque où je créais l'*Inner Child Workshop*, mon atelier portant sur l'enfant intérieur. Pat Carnes a pour sa part été le moteur principal du mouvement d'aide à la réadaptation sexuelle.

Mes remerciements également à mes collègues du centre The Meadows, Bissel van der Kolk, Peter Levine, les docteurs Shelley Uram et Jon Caldwell, qui sont tous des pionniers dans le domaine du traitement des traumatismes psychologiques. Je dois aussi saluer le travail incroyable de Jim Dredge, qui a fait de The Meadows le meilleur centre de traitement psychologique au monde. Mes hommages également à Carrie Stefensen, qui assure depuis quinze ans l'organisation et la gestion de mes ateliers ; elle s'est toujours acquittée de cette tâche avec brio, et a toujours veillé à mon confort lors de mes déplacements. Carrie, je te remercie chaudement de ton efficacité, et de ta bonté aussi !

Je tiens aussi à remercier mon épouse Karen Ann Bradshaw et mon fils John, qui m'ont toujours aidé par le regard franc, et même parfois intransigeant, qu'ils portent sur mon travail. En plus d'être ma personne-ressource dans les coulisses, Karen a dû supporter pendant dix-neuf ans mes blessures narcissiques et surdimensionnées. Quelle femme formidable !

Un gros merci à mon éditeur Peter Vegso, qui est non seulement un homme d'affaires hors pair, mais aussi une personne intelligente, sensible et patiente. Merci également à Gary Seidler et à toute l'équipe de Health Communications, mon éditeur anglais, qui m'ont toujours soutenu de la plus merveilleuse façon.

Un remerciement bien spécial à ma réviseure Christine Belleris de m'avoir tant aidé à bonifier mon texte. Et je serais incapable d'exprimer toute la gratitude que j'ai pour Carrie Renard Stocker, qui, bien qu'étant sur le point de lancer sa carrière d'infirmière, m'a énormément aidé dans la préparation et la présentation de mon manuscrit ; elle a tapé tout ça à une vitesse vertigineuse et était prête à travailler à n'importe quelle heure du jour et de la nuit, même quand elle avait des examens à préparer.

Un gros câlin à ma fillette de sept ans, Ariel, qui s'assoyait sur mon bureau ou sur mes épaules quand je travaillais et me disait : « Finis ton livre, papa, que tu puisses venir jouer avec moi ! » Et je ne pourrais terminer sans mentionner mon chien, Chase Marley Bradshaw, qui restait fidèlement assis à mes côtés, et qui a même essayé une fois de manger mon manuscrit. Il y a des jours où j'aurais aimé qu'il le fasse…

À propos de l'auteur

Pendant plus de quarante-huit ans, John Bradshaw a tour à tour assumé le rôle de thérapeute, d'auteur, de théologien, de consultant en gestion et de conférencier. Il est désormais reconnu comme une figure de proue dans le domaine du traitement des dépendances et dans celui des systèmes familiaux.

Né à Houston, au Texas, il grandit au sein d'une famille dysfonctionnelle et est abandonné par un père alcoolique. De l'élève brillant qu'il était dans ses premières années, il devint un adolescent rebelle qui s'insurgeait contre toute forme de contrôle. De profession catholique romaine, il étudia pendant neuf ans au séminaire des pères Basiliens, mais quitta cette institution juste avant d'entrer dans les ordres. Durant cette période, il termina des études en psychologie et en théologie à l'Université de Toronto. C'est également à ce moment que le problème d'alcool qui s'était manifesté à son adolescence se changea en alcoolisme chronique.

Le 11 décembre 1965, John prit les grands moyens pour se guérir de ce problème débilitant : il se fit volontairement interner au Austin State Hospital. Il en ressortit six jours plus tard pour s'inscrire à un programme de réhabilitation pour alcooliques. Peu de temps après, il donna dans une église locale sa première conférence. Il devint bientôt très en demande en tant qu'enseignant, thérapeute, conférencier et consultant corporatif.

En 1986, John lança sa carrière au petit écran avec *Bradshaw On : The Family*. Il aurait bientôt à son actif six séries télévisées ainsi que deux émissions spéciales qui seraient vues par des millions de téléspectateurs. Il rejoindrait un auditoire encore plus vaste dix ans plus tard avec *The Bradshaw Difference*, un talk-show qui serait vendu à l'échelle nationale. Les conférences et ateliers qu'il donna durant cette période attiraient des milliers de participants.

Parmi ses ouvrages précédents on retrouve : *La famille*, qui, dans sa version anglaise a figuré sur la liste des best-sellers du *New York Times* ; *S'affranchir de la honte* (numéro 2 au palmarès des best-sellers du *New York Times* en version anglaise) ; *Retrouver l'enfant en soi* (numéro 1 sur la liste du *New York Times* en version anglaise) ; *Le défi de l'amour* (best-seller numéro 1 au *New York Times*, version anglaise) ; *La famille et ses secrets* (version française de *Family Secrets*) ; et *Découvrir ses vraies valeurs* (version française de *Reclaiming Virtue*).

John Bradshaw est présentement thérapeute agrégé au centre de traitement The Meadows de Wickenburg, en Arizona. Il donne également partout aux États-Unis des ateliers sur l'enfant intérieur et sur le ressenti, sujets qu'il est l'un des premiers à présenter ainsi. Avant de se joindre au centre The Meadows, il a fondé le John Bradshaw Center, un centre rattaché à l'hôpital Ingleside de San Francisco dont il fut pendant dix ans le directeur.

Père de quatre enfants, beau-père et grand-père de trois autres, John Bradshaw vit maintenant à Houston, au Texas, avec son épouse Karen Ann. À ce jour, près d'un demi million de participants ont bénéficié de l'« approche restaurative » qu'il préconise dans ses ateliers, en plus des millions de personnes qui, partout dans le monde, ont été touchées par ses livres et ses émissions de télévision. En 2001, les éditeurs et lecteurs de la revue *Common Boundary* ont reconnu John Bradshaw comme l'un des cent auteurs de psychologie et de spiritualité les plus influents du vingtième siècle.

Aujourd'hui, il donne des conférences et des ateliers partout dans le monde. Pour plus d'information au sujet de ces événements, ou pour acheter des CD et DVD de ses conférences, ateliers et séries télévisées, visitez le site *johnbradshaw.com*

Aux États-Unis : 1-800-6-BRADSHAW

Ailleurs dans le monde : 713-771-1300

Fax : 713-771-1362

Pour contacter John Bradshaw par courrier :
John Bradshaw
PO Box 66147
Houston, TX 77266-7147

ou par courriel :
youcanheal@aol.com

Table des matières

1re partie – Dame Nature et sa magie noire

Prologue 13
Chapitre 1 – Qui nous a appris à aimer ? 17
Chapitre 2 – Tomber amoureux… et le sexe dément qui en découle. 25
Chapitre 3 – De « nouvelles » découvertes sur le désir, l'attachement et l'état amoureux 41
Chapitre 4 – L'état de stress post-romantique 59
Chapitre 5 – Le côté sombre de l'ESPR.................. 77

2e partie – Le schéma de l'attachement : travailler à construire un amour plus solide

Prologue 97
Chapitre 6 – Trois autres découvertes récentes........... 103
Chapitre 7 – Des attentes réalistes...................... 113

Chapitre 8 – Exorciser les fantômes du passé pour guérir les blessures et les besoins développementaux carencés de votre enfant intérieur 129
Chapitre 9 – Surmonter les blocages de la famille d'origine et apprendre à discuter 149
Chapitre 10 – Stade 1 : la transition vers l'indépendance. Les mécanismes de réparation en général, la restauration et l'enrichissement de la vie sexuelle en particulier 179
Chapitre 11 – Stade 2 : l'univers du « Moi », ou l'indépendance comme passage obligé vers l'interdépendance 201
Chapitre 12 – Stade 3 : l'interdépendance, ou l'univers du « nous » 215

Épilogue 227
Ouvrages cités 229
Lectures recommandées 231
Remerciements 237
À propos de l'auteur 239

Suivez-nous sur le Web

Consultez nos sites Internet et inscrivez-vous à l'infolettre pour rester informé en tout temps de nos publications et de nos concours en ligne. Et croisez aussi vos auteurs préférés et notre équipe sur nos blogues !

EDITIONS-HOMME.COM
EDITIONS-JOUR.COM
EDITIONS-PETITHOMME.COM
EDITIONS-LAGRIFFE.COM

Achevé d'imprimer au Canada
sur papier Enviro 100% recyclé